2021 中国金融标准化报告

China Financial Standardization Report

中国人民银行

中国金融出版社

责任编辑：肖　炜　董梦雅
责任校对：潘　洁
责任印制：陈晓川

图书在版编目（CIP）数据

中国金融标准化报告．2021／中国人民银行编．—北京：中国金融出版社，2023.3
ISBN 978-7-5220-1916-1

Ⅰ．①中…　Ⅱ．①中…　Ⅲ．①金融—标准化—研究报告—中国—2021　Ⅳ．①F832-65

中国国家版本馆 CIP 数据核字（2023）第 039342 号

中国金融标准化报告．2021
ZHONGGUO JINRONG BIAOZHUNHUA BAOGAO. 2021
出版
发行　中国金融出版社
社址　北京市丰台区益泽路 2 号
市场开发部　（010）66024766，63805472，63439533（传真）
网 上 书 店　www. cfph. cn
（010）66024766，63372837（传真）
读者服务部　（010）66070833，62568380
邮编　100071
经销　新华书店
印刷　北京侨友印刷有限公司
装订　保利达印务限公司
尺寸　210 毫米×285 毫米
印张　10. 75
字数　180 千
版次　2023 年 3 月第 1 版
印次　2023 年 3 月第 1 次印刷
定价　108. 00 元
ISBN 978-7-5220-1916-1

《中国金融标准化报告（2021）》

编委会

第二章：丁旸钧天　王湃涵　冯　蕾　刘子群　张彦钊
段　然　唐　卓　谢彦丽
第三章：王博璐　冯一洲　刘　彬　李　宽　吴　蔚
金子盛　徐宇杰　魏　猛
第四章：王彬琰　付大源　李　宽　吴鑫涛　陈　静
胡小龙　侯玉华　唐　清　靳国栋　谭　旺
第五章：王乃祥　沈薇薇　张思琪　陈云浩　岳松颂
赵庆杭　段　然　郭　仌　赖　强
第六章：龙柳行海　冯　蕾　刘子群　唐　卓　谢彦丽

目　录

第一章　2021 年金融标准化发展综述

第二章　金融标准国际化

第三章　金融国际标准、国家标准和行业标准应用

第四章　金融团体标准和企业标准应用

第五章　金融标准化研究

第六章　2022 年金融标准化工作展望

附　录

第一章
2021年金融标准化发展综述

- 2021年金融标准化工作概述
- 金融标准化管理
- 金融标准体系建设
- 金融标准制修订
- 金融标准化实践
- 金融标准化宣传
- 金融标准检测认证
- 金融标准实施评估

第一节　2021 年金融标准化工作概述

2021 年，在中国人民银行（以下简称人民银行）的领导和国家标准化管理委员会（以下简称国家标准委）的指导下，全国金融标准化技术委员会（以下简称金标委）坚持以习近平新时代中国特色社会主义思想为指导，坚决贯彻习近平总书记重要讲话和党的十九大和十九届历次全会精神，落实中央经济工作会议精神，落实党中央、国务院决策部署，坚持以人民为中心，立足新发展阶段、贯彻新发展理念、服务构建新发展格局，持续推进金融标准化改革发展，强化金融标准化发展顶层设计，健全新型金融标准体系，提升金融标准实施效能，促进金融标准化双向开放，推进新时期金融标准化全面发展。

一、科学谋划，顶层规划设计日臻完善

金融管理部门聚焦标准支撑金融高质量发展和推动金融标准化改革创新，依据《中华人民共和国国民经济和社会发展第十四个五年发展规划和 2035 年远景目标纲要》《国家标准化发展纲要》，组织编制《金融业标准化“十四五”发展规划》，明确提出“十四五”时期统筹推进金融标准化发展的指导思想、基本原则、主要目标、重点任务和保障措施，为“十四五”时期金融标准化工作做出指引，后续将由人民银行会同市场监管总局、银保监会、证监会联合印发。

二、多点发力，金融标准建设成果丰硕

2021 年，金标委发布金融国家标准 20 项，金融行业标准 44 项，公开金融领域团体标准 58 项、企业标准 3091 项。政府颁布标准与市场自主制定标准并重的金融标准供给结构得到进一步优化，金融国家标准和行业标准建设更加科学适用，金融团体标准和企业标准供给显著增强，为金融业高质量健康发展提供了有效的技术支撑，为金融业治理体系和治理能力现代化建设提供了坚强的基础性制度保障。

政府颁布标准方面。2021 年，金融业通用报文方案、银行业应用系统、银行营业网

点无障碍环境建设等国家标准有效支持行业基础和信息技术发展。首项强制性金融国家标准《人民币现金机具鉴别能力技术规范》正式发布，实现金融领域强制性标准“零”的突破。金融科技、产品服务、绿色金融、金融数据、网络安全等重点领域行业标准加快供给，积极响应国家战略部署和金融创新发展需要。

市场自主制定标准方面。2021 年，新增团体标准有效支持数字经济、乡村振兴、适老化服务、疫情防控等国民经济和社会发展重点领域建设。金融机构企业标准体系建设明显提速，企业标准自我声明公开意识大幅增强，带动金融业整体服务质量和标准化水平提升。

三、为民利企，金融标准实施成效显著

金融标准更好服务金融机构和人民群众生产生活，更具生命活力。一是标准支持服务百姓民生，认真践行“我为群众办实事”实践活动，加紧研制金融服务生僻字处理行业标准，推动银行营业网点生僻字客户服务指南在多地试行，促进生僻字行业开源生态共建共享，助推生僻字人群金融服务获得感和满意度大幅提升。二是行业标准意识逐步增强，金融机构对标准社会效益和经济效益的认可度明显提高，对标准化专业服务的需求日益迫切，金融标准、检测、认证质量基础设施逐步完善。三是标准普及宣传系统全面，通过媒体交流会、质量月活动、网络直播课堂等多种形式，在全国举办线上线下宣传活动 30 余万场，惠及群众 4000 万人次，为民利企理念更加深入人心。

四、内外联动，标准制度型开放不断深化

一是全球法人识别编码（LEI）应用治理进入新阶段，人民银行科技司承担全球 LEI 体系监管委员会副主席单位，并与美国财政部金融研究办公室联合承担临时秘书处。截至 2021 年底，境内持码机构超过 7.1 万家，同比增长 88.8%，LEI 在跨境人民币支付、跨境数字身份识别、银行间债券市场等领域应用持续拓展。中金金融认证中心成为全球首家验证代理数字证书机构。本地系统完成跨境法人信息服务平台原型开发，数据服务能力和可持续运营水平进一步增强。

二是金融标准双向转化步伐加快，ISO 20022：2013《金融服务　金融业通用报文方案》转化为国家标准，有力地支持了信息交换、互联互通，我国金融业通用报文库完成

银行间市场关键业务领域 1338 条报文注册入库。银行营业网点服务国家标准英语、老挝语、缅甸语版本正式发布。

三是金融国际标准化活动多点开花，在国际标准化组织（ISO）、国际电信联盟（ITU）等国际组织框架下，我国牵头的第三方支付服务、可持续金融术语国际标准正式发布，同时牵头或参与条码支付安全、金融分布式账本、数字货币硬件钱包等 33 项国际标准研制。支持亚洲金融合作协会制定并发布《银行营业网点服务指南》，持续推动与"一带一路"沿线国家金融标准化交流，为区域金融标准化建设贡献经验。

五、强本固基，创新工作水平明显提升

一是工作运行机制不断优化，增设金标委信创专项工作组，优化金融标准全生命周期管理，建立金融标准立项预研和评估机制。借鉴国际组织最佳实践，健全金标委秘书处专家队伍，为金融标准研制提供专业智库咨询。二是专业服务能力显著增强，北京国家金融标准化研究院正式成立，有效提升市场化专业化金融标准服务水平。金标委工作平台更加完善，重点研究课题圆满结项，为标准化工作奠定坚实的理论基础。

第二节　金融标准化管理

一、巩固金融标准化基础

（一）健全完善组织架构

2021 年 12 月 14 日，金标委召开 2021 年工作会议。会议以现场和线上结合形式召开。金标委副主任委员、人民银行科技司司长李伟，国家市场监督管理总局（以下简称市场监管总局）标准技术管理司副司长徐长兴，中国银行保险监督管理委员会（以下简称银保监会）统计信息与风险监测部二级巡视员李春亮，中国证券监督管理委员会（以下简称证监会）科技监管局副局长蒋东兴出席会议并讲话，会议由人民银行科技司二级巡视员、金标委秘书长杨富玉主持。金标委委员、观察员及联络员，分委会和专项工作组代表，专家等参加会议。

会议总结了2021年金融标准化工作，提出要做好《金融标准化“十四五”发展规划》发布及实施，优化金融标准供给结构，加强金融标准应用实施，推动国内外金融标准协同发展等任务。会议审议了2022年工作要点、金标委委员调整情况、金标委预算决算和金融标准体系框架。

截至2021年底，第四届金标委人员组成为：主任委员1人，常务副主任委员2人，副主任委员6人，秘书长1人，单位委员55人，观察员11人。

按照《全国专业标准化技术委员会管理办法》，金标委持续推动证券、保险、印制分技术委员会在各自领域开展金融标准化工作，并加强管理与指导。2021年，金标委证券分技术委员会（以下简称证券分委会）完成第四届委员换届工作，并于2021年5月14日组织召开了第四届证券分委会成立大会。金标委保险分技术委员会（以下简称保险分委会）换届方案在全国专业标准化技术委员会信息公示系统完成公示。

按照《全国金融标准化技术委员会专项工作组管理办法》，金标委继续加强对专项工作组的统一规划、组建和管理。截至2021年底，金标委共设有12个专项工作组：银行间市场技术标准工作组（组长单位由跨境银行间支付清算有限责任公司担任）、中国人民银行安全保卫标准工作组（组长单位由人民银行货币金银局担任）、银行业数据中心运维标准工作组（组长单位由人民银行金融信息中心担任）、银行间市场业务标准工作组（组长单位由中国银行间市场交易商协会担任）、农信系统标准工作组（组长单位由农信银资金清算中心担任）、金融国际标准跟踪研究工作组（组长单位由中国金融电子化集团有限公司担任）、互联网金融标准工作组（组长单位由中国互联网金融协会担任）、绿色金融标准工作组（组长单位由人民银行研究局担任）、法定数字货币标准工作组（组长单位由人民银行数字货币研究所担任）、金融IT基础设施标准工作组（组长单位由人民银行科技司担任）、金融数据标准工作组（组长单位由人民银行科技司担任）、金融信创标准工作组（组长单位由人民银行科技司担任）。金标委秘书处设有2个工作组，分别是金融标准实施推进工作组（北京国家金融科技认证中心有限公司负责）、金融标准技术审查工作组（中国金融电子化集团有限公司负责）（见图1-1）。

金标委秘书处下设3个专家组，分别是安全与基础设施专家组、金融科技与金融数据专家组、信息交换与业务应用专家组。专家组成员主要由熟悉金融领域国内外标准化发展动态，且具有一定标准化理论知识和专业技术能力的专家担任。2021年，金标委秘书处组织金融机构、科技公司、自律组织、科研院所等 105 名专家，共召开 39 期线上金融标准沙龙会议，对 129 项金融标准分别在立项、在建及审查三个阶段进行评估审议，充分发挥了专家智库的作用，有效提升金融标准研制的科学性、严谨性、协调性，不断优化金融标准全生命周期管理机制。

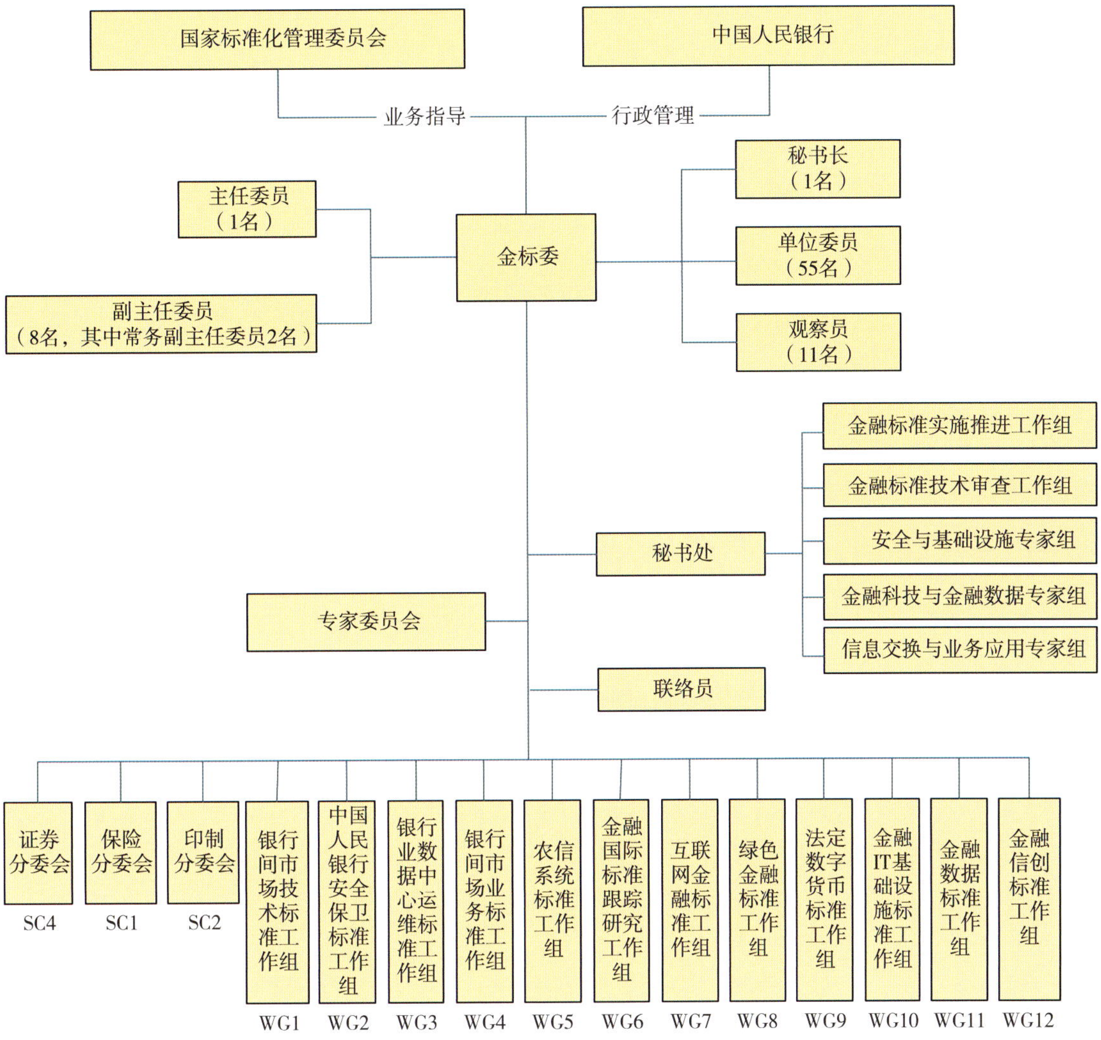

图 1-1　第四届金标委组织架构

（二）不断优化制度体系

2021 年，金标委持续完善金融标准化制度体系，优化金融标准制修订流程，规范金融标准化管理。证券分委会发布《证券期货业标准研究课题管理办法（试行）》，为开展标准研制和把控标准质量奠定了理论研究基础。保险分委会推进《保险标准化工作指南》修订工作，进一步优化保险标准化管理制度，促进工作高效协调、规范有序开展。

金标委印制分技术委员会（以下简称印制分委会）承担单位中国印钞造币集团有限公司起草完成《中国印钞造币集团有限公司技术标准管理办法》（征求意见稿），规范技术标准管理流程，填补了集团公司技术标准管理制度空白。

（三）持续完善工作机制

2021年，金标委进一步完善工作协调推进机制。一是加强金融标准化顶层设计。贯彻落实《中华人民共和国国民经济和社会发展第十四个五年发展规划和2035年远景目标纲要》《国家标准化发展纲要》有关精神，切实履行金融标准化组织管理协调职责，组织编制《金融标准化“十四五”发展规划》，积极推动构建新时代金融标准化工作的行动指南。二是优化金标委组织架构。进一步调整委员组成方案，完善“一行两会”层面金融标准化推进机制，推进证券分委会、保险分委会换届工作。三是发挥金标委秘书处职能作用。积极开展金融标准化服务平台建设，推动金融标准化工作数字化、网络化转型；组织开展金融标准化重点课题研究，夯实金融标准化理论基础；开展金融标准化宣传课堂和标准化知识普及宣传，助力金融标准实施和人才培养。

证券分委会调整优化工作组设置，重新设立通用基础等14个专业工作组，明确首席专家作为专业领域“带头人”。保险分委会发挥秘书处组织协调职能作用，通过微信网络、专题座谈等多种形式，完善与业务监管部门、委员单位间的沟通联络机制。印制分委会以《中国印钞造币集团有限公司技术标准管理办法》（征求意见稿）为指导，加强标准制修订过程管理，提高标准化工作效率。

（四）加强人才队伍建设

金标委持续开展面向金融行业的人才队伍培养建设工作，举办27期“走进金融标准　网络直播课堂”，总观看量超过1.8万人次，获得了良好的社会反响。推荐金融领域专家34人（次）加入可持续金融、唯一产品识别码（UPI）、自然人识别码（NPI）等15个ISO国际标准工作组，通过参与金融标准国际化工作，学习借鉴国外标准化工作经验和方法，提升金融标准国际化人才专业水平。金标委持续加强秘书处人才队伍建设，积极派员参加市场监管总局标准技术审评中心组织的“标准立项申报与标准编审质量提升”线上训练营和“世界贸易组织贸易政策”线上培训活动，学习最新标准化政策趋势，掌握标准编写的新方法和新要求，为做好标准立项申报、强制性金融国家标准研制工作提供支持。派员参加由中国标准出版社组织的国家标准编写质量提升视频会议，学习国家标准编写审查要点，为提升国家标准研制水平提供支持。

证券分委会加强专业工作组的业务指导和人才队伍建设，组建 300 人专家团队，组织召开标准化工作培训会和专题培训班，进一步提升行业标准化工作能力。保险分委会依托委员单位并联合行业内外机构共同开展标准编制、标准化活动，营造复合型标准化专业人才成长、汇聚、交流合作的良好氛围。各保险机构在落实标准化工作过程中，主动建立健全专职和兼职的标准化岗位与人才队伍，完善标准宣贯落地的组织架构，标准化普及与人才培养力度进一步加大。印制分委会积极开展标准宣贯培训，指导相关单位开展线上、线下培训 10 余次，丰富了行业标准化工作人员的专业知识，进一步提高标准化工作能力。

二、推动金融标准化改革发展

2021 年，金融标准化工作进一步支持金融治理体系和治理能力现代化，助力金融服务实体经济、防范金融风险、深化金融改革开放，服务金融业健康有序发展。一是加强金融标准化顶层设计。组织编制《金融标准化“十四五”发展规划》，明确新发展阶段金融标准化工作方向和重点，提出衡量金融标准化发展水平的量化指标，聚焦标准化全面支撑金融业高质量发展和推动金融标准化工作改革创新两个重点，提出工作任务，进一步推动标准化与具有高度适应性、竞争力、普惠性的现代金融体系全面、深度融合，充分发挥标准在推进金融治理体系和治理能力现代化中的基础性、引领性作用。二是深化金融标准供给侧结构性改革。持续推动金融标准多元供给，金融标准供给进一步由政府主导向政府与市场并重转变。突出政府主导制定标准的公益性，推动金融国家标准、行业标准与金融法律法规和政策体系衔接配套。提升市场自主制定标准比重，大力发展金融团体标准，引导社会团体有序制定原创性、高质量标准，推进金融企业标准建设，鼓励构建标准、技术、专利联动创新体系。三是强化金融标准服务效能，提升服务金融治理能力。北京国家金融标准化研究院正式成立，能有效提升金融标准服务市场化、专业化水平。金融标准与检测认证质量基础设施体系逐步完善，可以更好地满足金融业标准化服务的需求。四是全面提升金融标准化工作数字化程度，持续推进金融标准化服务平台建设，实现金融标准调研问卷在线填写、文档共享等功能，提升金融标准化工作效率和质量，目前已完成平台界面功能优化和业务测试。

证券分委会持续加强行业标准工作电子化管理，优化资本市场标准网站功能，强化网站在信息公开、对外宣传、业务处理中的支撑作用。同时，证券分委会完善标准制修订流程管理，优化行业标准化工作运行机制，缩短审查办理时限，加大沟通协调力度，研究建立标准制修订绿色通道机制，不断提高标准制定效率。保险分委会研究制定《保险业标准化“十四五”规划》，从优化保险标准化建设体制机制、完善保险标准体系、夯实保险标准化研究基础、持续推进保险国际标准化等方面，明确“十四五”期间保险业标准化工作重点和工作要求，为支持保险业更好服务建设新发展格局提供规划支撑。印制分委会积极参与人民币现金机具鉴别能力、不宜流通人民币等货币金银技术标准的制定以及应用实施。强化技术标准供给，基于标准科学性、规范性和公开性的特点，紧跟产业升级和技术创新步伐，充分发挥技术标准在淘汰落后产能、助推产品质量提升方面的积极作用。

三、加大金融标准研究力度

（一）推进金融风险防控关键技术标准研究

2021 年，中国金融电子化集团有限公司、中国外汇交易中心等 15 家单位继续开展“金融风险防控关键技术标准研究”项目，围绕互联网文本数据金融风险信息抽取及分析关键技术标准研究、金融机构和金融产品风险评价及管理技术标准研究、金融支付业务基础设施风险防控技术标准研究、新形态下的金融信息风险防控技术标准研究、互联网金融风险防控技术标准研究、金融产品服务过程支撑应用系统技术标准研究 6 个课题开展标准研制，最终拟形成 35 项国家标准和 2 项发明专利。

截至 2021 年底，2 项发明专利已全部完成，35 项国家标准中已正式发布 3 项：《人民币现金机具鉴别能力技术规范》（GB 40560—2021）、《金融服务　金融业通用报文方案》（共 8 部分）（GB/T 27926—2021）、《银行业应用系统　非功能需求》（共 9 部分）（GB/T 40473—2021），另有 20 项已完成送审稿及报批稿。

（二）持续开展金融标准化重点课题研究

为夯实金融标准化发展理论基础，营造全行业金融标准化研究良好氛围，金标委秘书处组织开展金融标准化重点课题研究工作，人民银行分支机构和直属单位、金融机构、金融基础设施运营单位、金融科技企业、行业协会、高等院校等 126 家单位积极踊跃参加，围绕金融标准化改革与发展、新型金融标准体系建设、金融标准国际化、金融标准实施、金融标准化基础能力五个方面共申报 232 项研究课题。

金标委秘书处邀请金标委委员、分委会和工作组代表、高校研究机构特邀专家等成立课题评审专家组，在立项和结项阶段认真开展多轮书面和现场评审，遴选出 55 项具有代表性、影响性和前瞻性的课题成果，最终评选出一等奖 4 名、二等奖 5 名、三等奖 9 名、优秀奖 32 名并颁发荣誉证书。其中，跨境支付清算、不良资产交易、绿色金融、养老金融、上市公司信息采集、互联网金融风险监测、银行业数字化运营等标准化课题与《中华人民共和国国民经济和社会发展第十四个五年发展规划和 2035 年远景目标纲要》提出的深化金融供给侧结构性改革、实施金融安全战略重点任务结合紧密，能够积极响应乡村振兴、碳达峰碳中和、发展数字经济等国家战略，具有较强的及时性和必要性。同时，一些课题成果聚焦特色金融产品和服务、新技术金融业应用等标准化研究，对于改善金融业当前技术标准多、产品服务标准少的不平衡、不充分局面，以及标准助推金融数字化转型等重点工作具有较强的参考意义。金标委秘书处将其中有益内容同步吸收到了《金融标准化“十四五”发展规划》编制工作中，并推动优秀课题成果汇编出版。

（三）推进强制性金融国家标准研究

为保障人民生命财产安全，金标委持续推进金融业首批强制性国家标准《人民币现金机具鉴别能力技术规范》《银行卡受理终端基本安全要求》制定。2021 年 7 月 20 日，《人民币现金机具鉴别能力技术规范》（GB 40560—2021）正式发布，并将自 2023 年 8 月 1 日起实施，这是我国金融领域发布的首个强制性国家标准，有助于进一步提升我国金融治理现代化水平，更好地保障人民群众的财产安全。《银行卡受理终端基本安全要求》目前已形成征求意见稿，即将广泛征求社会各界意见。

（四）开展《金融服务　生僻字处理指南》金融行业标准研制

为解决人民群众办理金融业务时面临的身份核验生僻字问题，金标委秘书处组织商业银行、字库公司等机构成立标准起草组，共同编制《金融服务　生僻字处理指南》金融行业标准，为金融机构完善生僻字群众金融服务提供指引。该标准由人民银行科技司提出，金标委归口管理，并于 2021 年 1 月通过立项。在标准编制过程中，除得到金标委委员单位大力支持外，还得到了教育部、工信部、公安部有关部门的支持与配合。

（五）分委会开展标准化研究

证券分委会积极推动优秀金融行业标准向金融国家标准转化，《证券交易数据交换协议》《证券期货业与银行间业务数据交换协议　第1部分：三方存管、银期转账和结售汇业务》《期货市场客户开户数据接口》3项金融国家标准立项通过国家标准委初审。

保险分委会组织委员单位在区块链技术应用、数据治理、风控、运营承保规则、客户服务等方面开展多项标准化研究工作，探索保险科技应用与创新管理发展路径，提升保险标准化对行业高质量发展的护航作用。

印制分委会开展《基于印钞企业人民币智能化制造的标准体系研究》等金融标准化重点课题研究，其中《基于印钞企业人民币智能化制造的标准体系研究》《分布式数字身份技术标准研究》2项课题分别荣获金融标准化重点课题研究二等奖和优秀奖。

第三节　金融标准体系建设

一、金融国家标准、行业标准建设

2021年，金标委秘书处组织开展金融标准体系框架修订工作，金融行业标准体系日臻完善，标准服务金融业高质量发展的态势初步形成。截至2021年底，我国金融标准体系采用功能分类方法，将金融标准分为基础通用标准、金融产品与服务标准、金融信息技术与设施标准、金融管理标准、其他标准5大类及29子类。同时，使用金融行业领域分类、参照ISO分类等标签辅助维度分类，便于管理和使用。

2021年，发布强制性金融国家标准1项、推荐性金融国家标准19项、金融行业标准44项，涵盖金融产品与服务、绿色金融、金融科技、金融数据、金融安全等重点领域，有效支持行业健康发展。截至2021年底，现行有效金融国家标准84项，金融行业标准322项。

强制性国家标准方面，2021年7月，我国金融领域发布第一项强制性国家标准《人民币现金机具鉴别能力技术规范》(GB 40560—2021)。该标准规定了人民币现金机具鉴别能力的技术要求和检测方法，适用于所有具有人民币真伪鉴别功能的现金机具，包括纸币鉴别机具和硬币鉴别机具。对于纸币鉴别机具，标准中对机具的鉴别时间、鉴别速度、漏识率和误识率等指标提出了相应的技术要求。该标准的正式发布，是金融标准支持反假币工作的关键举措，有助于进一步提升我国金融治理现代化水平，对于完善金融风险防控体系、保障人民群众财产安全具有重要意义，同时为强制性金融国家标准的制定树立了良好开端和示范。

推荐性国家标准方面，发布了《金融服务　金融业通用报文方案》（共 8 部分）（GB/T 27926—2021），有效提升金融业信息交换开发效率和降低报文运行维护成本；发布了《银行业应用系统　非功能需求》（共 9 部分）（GB/T 40473—2021），推动提高银行业应用系统非功能需求的编制质量和效率，降低编制银行业应用系统非功能需求的门槛和成本；发布了《银行业应用系统　代码与编码处置指南》（GB/T 40474—2021），助力提高银行业应用系统的稳定性和健壮性，不断夯实银行业应用系统对业务支持的基础；发布了《银行营业网点　无障碍环境建设规范》（GB/T 41218—2021），助力引导银行营业网点无障碍建设，不断提升对老年人和残障人士群体的银行服务保障能力。

金融行业标准方面，围绕金融产品与服务，发布了《资产管理产品介绍要素》（共 3 部分）《债券价格指标产品描述规范》《债券价格指标产品数据采集规范》等 5 项标准，助力提升金融产品信息披露的完备性、准确性和可读性，服务金融市场健康发展；围绕绿色金融，发布了《环境权益融资工具》《金融机构环境信息披露指南》2 项标准，引导金融机构绿色低碳转型，规范绿色融资相关业务，助力金融支持碳达峰碳中和目标实现；围绕金融科技，发布了《人工智能算法金融应用评价规范》《金融大数据平台总体技术要求》等 5 项标准，有效促进新兴技术在金融业规范应用，助力打造数字经济时代金融创新发展新引擎；围绕金融数据，发布了《金融业数据能力建设指引》《金融数据安全　数据生命周期安全规范》等 17 项标准，更好地引导金融机构数据建设，提升金融基础设施互联互通水平；围绕金融安全，发布了《金融网络安全　网络安全众测实施指南》《金融网络安全　Web 应用服务安全测试通用规范》等 15 项标准，支持提升金融机构系统防护能力，助力金融安全战略实施。

证券分委会积极响应资本市场各领域对标准的需求，不断加大标准供给。截至 2021 年底，证券分委会推动《证券期货业大数据平台性能测试指引》（JR/T 0206—2021）等 11 项金融行业标准发布，2 项金融国家标准和 61 项金融行业标准在建，其中《证券期货业移动互联网应用程序安全检测规范》等 2 项标准处于发布阶段；《证券期货业数据安全风险防控　数据分类分级指引》等 20 项标准处于报批阶段；《证券期货业第三方交易系统接入技术管理规范》等 7 项标准处于送审阶段；《证券期货业身份鉴别等级》等 9 项标准处于征求意见阶段；《基金公司与托管行间托管业务数据交换协议》等 25 项标准处于起草阶段。

保险分委会坚持优化标准结构，推进保险行业标准制定与修订。截至 2021 年底，保险分委会推动《保险行业网络建设基本规范》（JR/T 0224—2021）等 5 项金融行业标准发布、3 项金融国家标准和 35 项金融行业标准在建，其中《商业健康保险手术代码》等 4 项标准处于报批阶段；《保险行业区块链应用规范　数字保单》等 11 项标准处于征求意见阶段；《保险行业常用汽车零配件术语》等 12 项标准处于起草阶段；《保险私募基金数据标准》等 11 项标准处于立项阶段。

印制分委会紧密围绕生产过程中的产品、工艺、质量、设备、检验和试验方法以及安全、环保等要素，积极开展金融国家（行业）标准的制修订工作。截至 2021 年底，印制分委会推动《第五套人民币　贰拾圆纸币（2019 年版）》等 12 项金融行业标准处于报批阶段，助力印钞造币行业高质量发展。

二、金融团体标准建设

截至 2021 年底，全国团体标准信息平台公开现行有效金融团体标准 93 项。2021 年，中国互联网金融协会、中国银行业协会、北京金融科技产业联盟、浙江省金融学会、湖南省金融消费权益保护协会、新疆维吾尔自治区金融学会等在全国团体标准信息平台公开金融团体标准 58 项。

中国互联网金融协会公开了《金融行业开源软件评测规范》（T/NIFA 7—2021）、《金融行业开源软件服务商评测规范》（T/NIFA 8—2021）、《移动金融客户端应用软件安全检测规范》（T/NIFA 9—2021）及《供应链金融　监管仓业务规范》（T/NIFA 10—2021）4 项金融团体标准。

中国银行业协会公开了《中国银行业协会团体标准化文件的结构和起草规则》（T/CBA 1—2021）、《银行管理会计运营成本分摊方法指南》（T/CBA 103—2021）、《银行函证服务平台　接入要求》（T/CBA 210—2021）及《银行函证服务平台　运营规则》（T/CBA 214—2021）等 14 项金融团体标准。

地方性金融社会团体积极开展金融团体标准制定。北京金融科技产业联盟制定并公开《区块链技术金融应用　技术参考架构》(T/BFIA 005—2021) 等 5 项金融团体标准；浙江省金融学会制定并公开《绿色低碳融资项目评价规范》(T/ZJFS 004—2021) 等 5 项金融团体标准；湖南省金融消费权益保护协会制定并公开《金融消费权益保护标准化网点评定规范》(T/HFCPA 001—2021) 金融团体标准；新疆维吾尔自治区金融学会制定并公开《银行营业网点新冠肺炎疫情防控技术指南》(T/XJJRXH 01—2021) 金融团体标准；丽水市金融学会制定并公开《农村土地流转经营权抵押贷款工作规范》(T/LSFS 4—2021) 等 7 项金融团体标准；无锡市金融学会制定并公开《老年人智能服务应用标准》(T/WXJRXH 002—2021) 等 3 项金融团体标准。

三、金融企业标准建设

2021 年，金标委持续推动金融领域相关企业开展企业标准化建设，在金融领域企业标准“领跑者”活动的带动下，持续推进金融企业标准自我声明公开。截至 2021 年底，全国企业标准信息公共服务平台公开的金融领域企业标准数量达 5959 项，有效提升市场主体创新活力。

截至 2021 年底，全国性商业银行共计公开金融服务领域企业标准 97 项，其中，国有大型商业银行公开 51 项，股份制商业银行公开 46 项；地方金融机构共计公开金融服务领域企业标准 5349 项；各类金融相关企业公开金融机具领域企业标准 513 项。

全国性商业银行方面，国有大型商业银行和股份制商业银行积极制定并公开金融服务领域企业标准。其中，中国工商银行公开《应用程序接口服务规范》(Q/ICBC 3601—2021) 等 5 项企业标准，中国农业银行公开《金融分布式账本技术应用要求》(Q/ABC 57—2021) 等 5 项企业标准，中国银行公开《中国银行移动金融客户端应用规范》(Q/BOC 8005—2021) 等 5 项企业标准，中国建设银行公开《中国建设银行营业网点服务基本要求》(Q/CCB 1001—2021) 等 17 项企业标准，交通银行公开《交通银行应用程序接口规范》(Q/BOCOM 00004—2021) 等 5 项企业标准，中国邮政储蓄银行公开《中国邮政储蓄银行营业网点服务规范》(Q/PSBC 0009—2021) 等 14 项企业标准，中国光大银行公开《中国光大银行分布式账本应用规范》(Q/CEB TS003—2021) 等 5 项企业标准，招商银行公开《招商银行网上银行服务基本要求》(Q/CMB 005—2021) 等 5 项企业标准，中国民生银行公开《中国民生银行手机银行移动金融客户端应用标准》(Q/CMBC 004—2021) 等

6 项企业标准。

地方金融机构方面，各地中小银行、证券期货基金公司、保险机构、支付机构等积极制定并公开企业标准。其中，江苏银行公开《江苏银行应用程序接口安全管理规范》（Q/JSB 0003—2021）等 5 项金融服务领域企业标准，中国人民财产保险股份有限公司公开《电子保单服务规范》（Q/PICC P&C 010—2021）等 6 项保险领域标准，腾讯集团公开《腾讯云分布式账本技术金融应用指南》（Q/TX 023—2021）等 2 项金融服务领域企业标准，蚂蚁集团公开《金融分布式账本技术应用规范》（Q/200001 AF 1002—2021）等 3 项企业标准。

金融机具领域方面，广电运通、少士电子、福建升腾等金融相关企业依据创新技术成果，加快技术标准制修订，在企业标准信息公共服务平台公开支付机具、清分机等领域企业标准共计 513 项。

四、部分金融机构企业标准体系建设情况

中央结算公司建立涵盖基础通用标准、产品服务标准、信息技术标准、运营管理标准四大类的标准体系，采用国家或行业标准 35 项，引用其他规范性文件 7 项，重点围绕公司的产品服务，制定企业产品服务标准。加强公司债券统计、金融估值、绿色债券和信息安全等业务和技术领域标准化建设，开展公司 17 项企业标准编制工作。

中国银联结合公司业务及产品规划，持续优化银联技术标准体系，并逐步建立企业级数据标准体系。截至 2021 年底，中国银联的企业技术标准体系共包括基础标准、安全标准、平台标准、支付设备标准和终端标准 5 大类 51 部 168 项技术标准，全年共发布《中国银联交换系统技术规范》等 16 项企业规划技术标准；基本建立企业级数据标准体系，建设数据治理平台，实现数据标准的线上查询及管理，制定《中国银联数据标准管理细则（暂行）》，细化各相关方职责分工及管理流程。

中国工商银行动态优化和完善企业标准，坚持以年度为周期开展标准复审，全年编制《政企产品用户界面设计规范》等 6 项企业技术标准，修订《API 服务设计技术规范》等 68 项企业技术标准。截至 2021 年底，中国工商银行的企业标准体系包括基础通用、信息科技、产品服务和经营管理 4 个板块、18 个小类一共 200 余项标准，打造了标准化工作不断向纵深推进的坚实基础和重要抓手。

中国邮政储蓄银行按照行业标准，打造信息技术标准体系。中国邮政储蓄银行坚持以《银行业标准化工作指南》（JR/T 0116—2014）为基础，结合最新标准发布情况，修订《中国邮政储蓄银行信息技术标准体系》（Q/PSBC 0042—2021），进一步完善自身企业技术标准体系。

招商银行建立金融标准管理平台，健全企业级数据标准体系。招商银行通过实现全行搜索引擎与各类金融标准目录及文本的对接，并在平台公告栏展示金融标准化工作动态，实现标准化工作的线上管理和运营。同时，招商银行完善《招商银行数据标准管理办法》，建立健全企业级数据标准体系，进一步优化数据标准管理组织架构和管理流程。

中国人民保险集团坚持以客户为中心，完善统一技术体系建设。通过加强数据标准建设，积极促进技术架构的统一和子公司保单、理赔、客户等数据互联互通，推动相关标准在信息系统建设中逐步落地。中国人民保险集团发布《移动金融客户端应用规范》（Q/PICC 001—2021）企业标准，明确集团 APP 建设要遵循以客户为中心、标准化、安全性的原则，并规定客户端软件研发规范、软件安全规范、软件管理规范、软件创新规范等。

蚂蚁集团以《企业标准管理办法与实施指南》（Q/AF 0001）为基础，制定《集团标准化管理办法》，建立集团统筹、各业务条线实践标准化的企业标准管理体系，并建立了企业标准向团体标准、行业标准、国家标准、国际标准转化的机制。蚂蚁集团建立标准生态信息平台以统筹集团标准化工作，平台包括企业标准管理、标准库、在研标准管理、政策法规、产业研究等功能模块，推进集团标准化工作公开透明和规范有序。

第四节　金融标准制修订

一、金融标准发布情况

2021 年，市场监管总局、国家标准委发布金融国家标准 20 项，人民银行、银保监会、证监会共计发布金融行业标准 44 项，为防控金融风险、推动金融产品与服务提质增效提供了标准支撑。本年度发布的金融国家标准，包括首项金融强制性国家标准《人民币现金机具鉴别能力技术规范》(GB 40560—2021)，以及《金融服务　金融业通用报文方案》(共 8 部分)（GB/T 27926—2021)、《银行业应用系统　非功能需求》(共 9 部分)(GB/T 40473—2021)、《银行业应用系统　代码与编码处置指南》(GB/T 40474—2021)、《银行营业网点　无障碍环境建设规范》(GB/T 41218—2021）等 19 项推荐性国家标准；金融行业标准包括《资产管理产品介绍要素》(共 3 部分)（JR/T 0215—2021）等 5 项金融产品与服务标准、《环境权益融资工具》(JR/T 0228—2021）等 2 项绿色金融标准、《人工智能算法金融应用评价规范》(JR/T 0221—2021）等 5 项金融科技标准、《金融业数据能力建设指引》(JR/T 0218—2021）等 17 项金融数据标准、《金融网络安全　网络安全众测实施指南》(JR/T 0214—2021）等 15 项金融安全标准，标准清单详见附录 C。

二、金融标准在建情况

2021 年，在建金融国家标准共计 48 项，其中处于报批阶段 17 项，处于送审阶段 11 项，处于征求意见阶段 16 项，处于草稿阶段 4 项。在建金融行业标准共计 217 项，其中处于发布阶段 2 项，处于报批阶段 55 项，处于送审阶段 45 项，处于征求意见阶段 36 项，处于草稿阶段 79 项。标准清单详见附录 C。

金标委秘书处通过延续金融标准进展定期沟通机制和金标委委员视频会议审查工作模式，加快金融标准制修订进程，有效提升金融标准质量与工作效率。2021 年，40 余项金融标准完成征求意见，30 余项金融标准通过金标委委员审查，20 余项金融标准通过技术审查并进入报批程序。

其中，《个人金融信息保护指南》《绿色金融术语》等金融国家标准已面向社会及金标委委员完成征求意见；《金融科技人才能力规范》《不宜流通人民币　纸币》等金融行业标准进入报批阶段；《非银行支付机构支付业务设施技术要求》《用于金融服务的公钥基础设施　实施和策略框架》等金融国家标准进入发布阶段。同时，金融科技、普惠金融、金融产品与服务等领域相关标准编制取得积极进展。

三、金融标准立项情况

2021 年，金标委秘书处改进工作方法，创新工作思路，提高工作实效。建立金融行业标准预研机制，进一步强化金融行业标准制修订的前期预研和立项评估，从源头上确保标准成熟度和协调性。

金标委秘书处共受理 50 项金融标准立项申报，包括 14 项国家标准及 36 项行业标准。截至 2021 年底，组织开展标准立项投票 18 项，下达标准预研计划 3 项，下达标准制修订计划 30 项，包括《金融服务　唯一交易识别码》等 4 项金融国家标准、《金融领域科技伦理指引》等 26 项金融行业标准，涵盖金融产品与服务、金融科技、金融数据等热点领域。同时，基于遥感技术的涉农信贷规范、联邦学习技术金融应用规范、金融数据资源目录编制指南等行业标准正在开展预研工作，后续将形成预研项目研究报告。

2021 年，金标委秘书处持续优化金融标准立项工作机制，吸收借鉴国际标准化管理经验，建立金融标准各领域专家组，加强标准立项必要性、可行性和协调性研究，保障标准项目的成熟度，提升金融标准立项质量和水平。

四、金融标准复审情况

2021 年，金标委启动 2021—2022 年度标准复审工作，对 2019 年底前发布并现行有效的《产生报文的银行卡　交换报文规范　金融交易内容》等 36 项金融国家标准、《钞票纸》等 162 项金融行业标准（包含各分委会归口标准）及 2020 年底前已立项的 90 项金融行业标准计划项目进行复审。截至 2021 年底，金标委秘书处已收集各单位复审意见 200 余条，同时就重点金融标准咨询了金标委秘书处专家组及相关业务主管部门意见。金融标准复审率为 100%。

第五节　金融标准化实践

一、2021 年“金融标准　为民利企”主题活动

为强化金融标准实施推广，人民银行在 2021 年 9 月全国“质量月”期间组织开展“金融标准　为民利企”主题活动。活动重点突出金融标准助力践行“我为群众办实事”实践活动、保障疫情防控期间金融服务、增强金融普惠性、加快金融业数字化转型、健全金融机构公司治理、支持金融业双向开放等方面的作用，主题鲜明、形式多样、覆盖

广泛、实用有效，进一步凸显标准在服务金融高质量发展中的基础引领作用，提升社会公众及金融机构对标准的理解和认识。

（一）各单位积极组织开展活动

1. 人民银行科技司统筹规划，全面推进

一是印发《关于在2021年全国“质量月”期间开展“金融标准　为民利企”主题活动的通知》(银办发〔2021〕134号)，明确活动重点及目标。二是在人民银行公众号发布7期金融标准宣传作品，在“金融时报”公众号发布15期金融标准解读长图，累计阅读量21万余次（见图1-2)。三是组织制作23项金融标准解读手册、长图、视频等宣传素材，通过金融机构官方网站、微博和微信公众号等平台宣传3万余次，累计阅读量近3000万次。四是通过“走进金融标准　网络直播课堂”平台面向人民银行分支机构、金融机构从业人员开展3场金融标准解读，累计观看达20万人次。

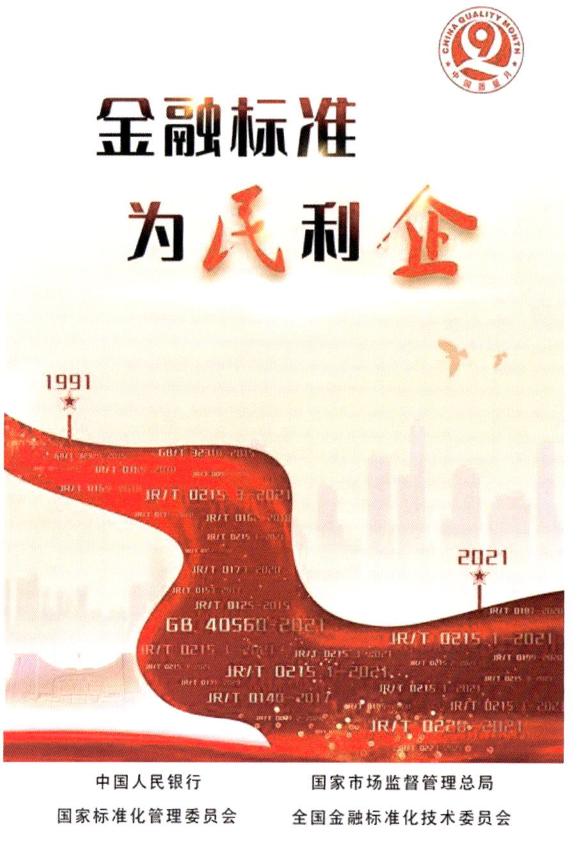

图1-2　“金融标准　为民利企”主题活动海报

2. 人民银行分支机构开拓创新，亮点纷呈

人民银行营业管理部开发“金融标准挑战赛”小程序，面向社会公众开展金融标准知识竞赛，提高知识宣传趣味性，全国 7.2 万余人参与答题。人民银行太原中支联合高校编写《山西省金融标准化实务讲义》，为开展金融标准化工作提供参考。人民银行南宁中支建设“汉—壮”双语金融标准化 VR 云展厅，深入浅出解读标准规范，展示标准实施成果，分享当地标准化工作经验。人民银行遵义市中支自编自导自演地方特色“花灯戏”，生动演绎金融标准在百姓生活中发挥的作用。人民银行通化市中支开展“庆祝建党百年　讲好金标故事”网络视频大赛，多角度展现金融机构实施《银行营业网点服务基本要求》国家标准最佳实践。人民银行营口市中支走进交通文艺广播室，与电台主持人围绕金融标准知识进行互动问答，加深市民群众对金融标准的认识与理解（见图 1-3、图 1-4）。

图 1-3　人民银行营业管理部设计制作“金融标准挑战赛”小程序

图 1-4　人民银行南宁中支建设金融标准化 VR 云展厅

3. 金标委委员单位紧扣业务，真抓实干

中国互联网金融协会组织银行、保险、证券、互联网平台、金融科技企业等学习《中华人民共和国个人信息保护法》，研讨金融数据安全标准现状及研制需求。跨境清算公司在中国国际服务贸易交易会金融服务专题展中介绍 CIPS 报文标准，展示 CIPS 标准收发器等标准应用的良好实践。网联清算公司联合中国银行、澳门通公司开通“大湾区跨境电子钱包业务”，通过统一技术标准和业务规则，实现跨境场景下条码支付互认互扫。农信银资金清算中心通过“农信大讲堂”直播平台开展金融网络安全系列标准宣讲，提高农信系统标准化建设水平。

4. 各类机构踊跃参与，凝心聚力

华为公司面向内部员工开展《个人金融信息保护技术规范》等标准宣讲，积极参与金融信息技术创新相关标准研制。百度智能云智慧金融、产品研发、风控合规等团队集中研讨云计算技术金融应用规范等行业标准，推动整体业务合规、技术安全、风险可控。资本市场学院举办证券期货业标准化培训科技管理专题培训班，介绍国家标准化政策、证券期货业标准化工作制度与流程，解读金融标准并分享实践经验。山西证券、中煤保险等与银行业金融机构交流分享标准制定和实施的先进经验和典型案例。金运通网络支付公司面向农民、老年人、青少年等群体宣传解读金融标准知识，提升公众金融标准素养。

（二）活动取得良好成效

1. 金融标准助力解决群众“急难愁盼”问题

各单位积极探索金融机构疫情防控标准化支撑，提升金融服务水平，践行“我为群众办实事”。人民银行科技司组织商业银行、产业联盟、支付机构开展生僻字治理，编制《银行营业网点生僻字客户服务指南》并在多地试行，引导商业银行提升姓名生僻字客户服务水平，建立行业生僻字治理开源共建生态，探索商业银行生僻字服务激励机制。中国银联制定“云闪付”APP 健康码使用与展示标准，统一各地健康码调用流程与使用方式，实现便捷的“跨省亮码”服务，便利公众出行。天津银行制定《老年客户服务规范》企业标准，围绕老年客群行为习惯和金融需求，打造有温度、无障碍的“适老化”银行服务。

2. 金融标准助力普惠金融发展

各单位积极引导金融机构健全金融产品和服务标准化，提升金融机构服务能力和内部治理水平，助力化解金融风险。人民银行武汉分行指导众邦银行总结“农链贷”产品成功经验，制定《面向“三农”的供应链金融业务规范》企业标准，面向中小微企业提供信贷服务，助力农业产业链高质量发展。大悟农商行制定《绿色信贷专属产品规范》企业标准，更好服务绿色信贷客户，助力地方传统产业绿色转型升级。天津农商行、韶山农商行等调研全行标准研制需求，搭建企业标准体系框架，制定银行内部《企业标准化管理办法》，提升全行标准化工作水平。

3. 金融标准引领金融科技稳妥发展

各单位积极引导推动金融机构开展金融科技标准化建设，提升金融机构数据治理能力，助力金融业数字化转型。人民银行乌鲁木齐中支自主开发“新疆金融业产品及服务执行金融标准信息统计管理平台”，督促金融机构梳理标准执行情况，强化标准执行及披露意识。人民银行清算总中心开展“金融标准化视角下的支付数据安全”主题交流活动，学习《金融数据安全　数据生命周期安全规范》等标准及有关政策法规，为支付数据安全保护提供指导。广东省金融科技学会召开第 33 届广东地区金融科技交流会，围绕金融标准在加强金融科技伦理治理、强化金融数字渠道管理、规范智能算法金融应用等方面的作用开展交流探讨，金融机构积极开展金融科技、网络安全、数据治理等标准对标达标，有效提高金融标准的应用实施水平。

4. 金融标准支持金融业对外开放

各单位积极指导金融机构深化金融标准高水平开放，加快先进金融国际标准转化应用，广泛参与金融国际标准化活动，积极贡献中国智慧。人民银行德宏州中支与中国（云南）自由贸易试验区德宏片区管委会合作，将 LEI 信息纳入“数字外管”平台申报主体基础信息采集范围，推动 LEI 实际业务应用。中国银联与塞尔维亚央行交流芯片卡标准、当地转接标准、创新支付标准及相关产品方案，帮助塞尔维亚采用中国 PBOC 标准发行双标卡。国家开发银行与联合国开发计划署共同发布《融合投融资规则促进“一带一路”可持续发展——“一带一路”经济发展报告》，分析国际多边组织和主要金融机构投融资规则及有关标准。

二、2021 年金融领域企业标准“领跑者”活动

为引导金融机构强化企业标准建设、提升服务质量，人民银行办公厅、银保监会办公厅、证监会办公厅联合印发《关于开展 2021 年度金融领域企业标准“领跑者”活动的通知》（银办发〔2021〕128 号），明确活动目标和要求，鼓励各方积极参与。

（一）活动领域及参与情况

2021 年度“领跑者”活动涵盖 4 个重点领域的 11 个产品或服务类别，分别是：商业银行服务领域，包括银行营业网点服务、网上银行服务；计算机及货币专用设备领域，包括自助终端（ATM）、销售点终端（POS 机）、条码支付受理终端、清分机；金融信息服务领域，包括移动金融客户端应用、金融分布式账本技术应用、商业银行应用程序接口服务、证券行业区块链电子证据；保险服务领域，包括电子保单服务。

据统计，本次活动有效参与企业 3737 家，同比增长 39.6%；参与评估标准 4272 项，同比增长 47.2%。按照市场监管总局企业标准“领跑者”工作机构关于活动组织程序的有关要求，经征集“领跑者”活动领域、组织人民银行分支机构宣传动员、确定评估方案、评估机构开展“领跑者”评估、“领跑者”名单社会公示等环节，2021 年共产生 173 家“领跑者”企业，详细数据见表 1-1。

表 1-1　2021 年金融领域企业标准“领跑者”活动重点领域评估整体情况　单位：家

重点领域	产品或服务		参与企业数	参评标准数	排行榜	“领跑者”
商业银行服务	银行营业网点服务		1745	2029	139	43
	网上银行服务		1184	1349	54	33
计算机及货币专用设备	自助终端（ATM）		19	29	5	5
	销售点终端（POS 机）		43	59	7	7
	条码支付受理终端		20	20	6	4
	清分机	（纸币）	26	32	6	6
		（硬币）	10	19	4	4
金融信息服务	移动金融客户端应用	银行业	318	342	33	19
		证券业	58	67	67	10
		保险业	2	2	1	1
		非银支付机构	9	9	3	3
	金融分布式账本技术应用	银行、科技公司等	76	78	15	10
		证券业	8	8	8	2
	商业银行应用程序接口服务		155	155	14	14
	证券行业区块链电子证据		15	15	15	2
保险服务	电子保单服务		49	59	10	10
总计			3737	4272	387	173

（二）活动效果

1. “领跑者”活动是推动优化金融标准体系的重要举措

《国家标准化发展纲要》提出，要实现标准供给由政府主导向政府与市场并重转变，构建市场驱动、政府引导、企业为主、社会参与、开放融合的标准化工作格局。大力发展金融领域团体标准、企业标准等市场制定标准，既是顺应国家标准化改革发展的重要举措，也是满足金融市场主体创新发展需求、激发市场活力的必然要求。实践表明，“领跑者”活动能够有效带动金融机构强化企业标准建设，企业标准规模和质量逐年提升，已成为金融标准体系中的重要组成，金融标准供给结构进一步优化，市场主体创新活力进一步释放。

2. “领跑者”活动有力促进金融领域标准共治

金融领域企业标准化意识显著增强，标准已经成为金融机构开展企业治理的重要抓手。金融机构通过企业标准信息公共服务平台公开的企业标准数量逐年增加，从 2019 年活动初期的2343项增长至2021年的5958项，增幅达154%（见图1-5）。此外，许多机构通过其他渠道进行标准披露，如重庆农商行、支付宝等企业主动在其网站公开相关产品和服务使用的金融标准。标准披露已成为金融领域共识，有力促进标准监督与共治，助推形成金融领域“有产品必有标准”的标准治理体系。

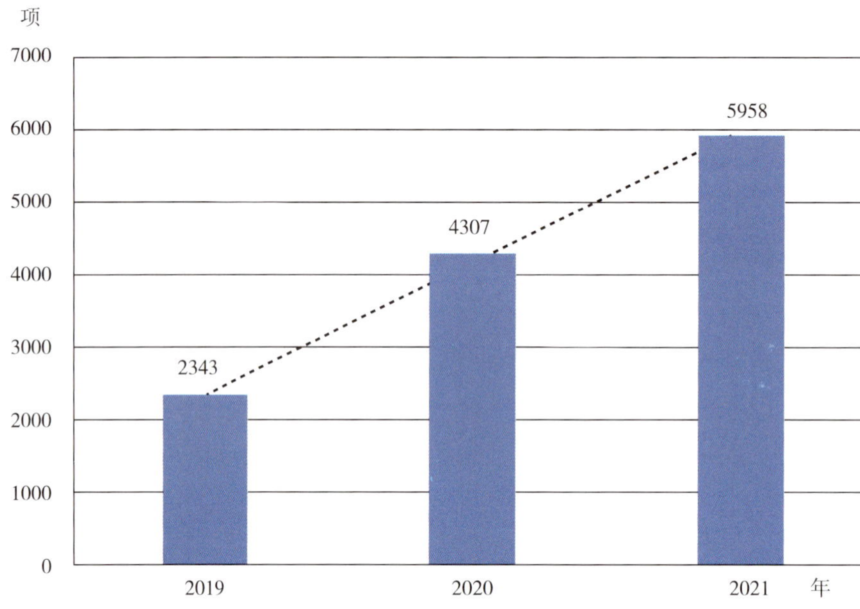

图1-5　公开有效的企业标准数量

3. “领跑者”活动营造金融业标准争先创优的良好氛围

“领跑者”企业以点带面、以领带跑，有力带动其他金融企业增强标准意识，提升金融标准供给效率和质量。如抗击新冠病毒感染期间，部分商业银行“领跑者”积极制定优化银行网点服务企业标准，有力保障疫情期间金融服务水平，形成良好行业示范效应。同时，“领跑者”活动为金融机构开展横向学习交流提供了平台，帮助金融机构更好地了解国内先进金融产品或服务标准的制定及应用情况，促进金融机构对标行业领先水平，将自身创新成果转化为标准，以标准优势巩固技术优势，不断提高标准的先进性、有效性和适用性，进一步提升我国金融产品和服务创新活力。

三、推动中国金融业通用报文库建设

2021年，人民银行科技司会同外汇交易中心等单位积极推进中国金融业通用报文库（以下简称报文库）建设，具体情况如下。

（一）报文库建设稳步推进

一是平台功能持续优化。新增ISO 20022报文在线建模、在线校验等功能，实现报文在线开发与测试，升级报文开发工具，提高了报文开发效率；完善报文注册机制，丰富报文持有机构及报文划分维度，更好适应报文库的运营需要。

二是平台安全体系逐步健全。平台增加试点报文管理、社群组建等功能，通过构建用户分层管理体系，优化了平台用户间的联动；根据授权策略构建权限控制体系，重构数据库各表权限的控制，保证报文信息的完整和安全性。

三是注册报文知识产权更加明确。完善报文库业务规则，为每条注册报文赋予唯一编号，设计公开声明保障报文注册机构享有其所注册报文知识产权。

四是外汇领域报文映射研究有序推进。完成外汇领域8条报文与ISO 20022标准映射，研究国际FIX协会组织金融信息交换协议（FIX）与银行间市场业务数据交换协议（IMIX）在现券和回购市场关键报文的映射机制，并将研究成果形成ISO/TC68技术报告《IMIX标准向通用数据模型的映射研究》。

五是低代码报文传输工具研究取得进展。成立“中国金融业通用报文库低代码研究项目组”，开发低代码报文传输工具，设计并开发Transmitor报文收发、Mapper报文映射等CUFIR SDK，为快速完成企业非标准数据和标准报文之间的转换和传输提供有力支撑。

（二）报文库应用试点

2021年1月至7月，人民银行科技司组织外汇交易中心、中央结算公司、中国银联、上海黄金交易所、上海清算所、上海票据交易所等单位开展报文库应用试点，试点基本达成预期目标，具体如下。

一是完成银行间市场关键业务领域1338条报文注册入库。结合我国金融业务特点和ISO 20022、ISO 8583、FIX等国际通行标准自主设计形成入库报文类型，完成银行间市场外汇、卡、黄金、清算、票据、债券等领域报文梳理和入库，实现报文库注册管理机制的首次公开验证。

二是为试点单位新报文开发提供了有益的参考。通过研究并参考ISO 20022通用业务模型的体例，设计形成报文库注册报文的业务定义模板，有效引导各金融业务领域新报文的规范化开发，提升各试点单位报文管理的规范化水平。

三是进一步拓宽报文库应用范围。以试点应用工作为基础，同步推动其他金融机构参与报文库建设。成方金科注册报文 94 条，涵盖跨境收入基本信息类、人民币购售业务类、跨境资金往来核对类等业务。跨境清算公司注册报文 80 条，涵盖支付类、清算结算类、对账类、账户管理类和业务信息类等业务。

（三）报文标准国际化情况

一是深度参与 ISO 20022 标准工作组。我国专家积极参与注册管理组（RMG）和外汇交易评估组（FX SEG），并担任 ISO 20022 复审意见研究组召集人，围绕 ISO 20022：2013 标准修订对用户群带来重要的商业价值和影响，提出修订意见及改进措施，并形成工作报告提交 ISO/TC68 参考。

二是加强我国报文库与 ISO 20022 报文库兼容。完成 ISO 20022 电子库数据字典和报文集在我国报文库的定时解析与落库。积极向 ISO 20022 库提交外汇交易参考数据报文、跨境支付资金调整和参与者状态通知报文、加密信息与数字证书通知等报文提案，填补 ISO 20022 报文在外汇中间价浮动率和资金调整等业务上的空白。

三是深度参与 ISO/TC68/SC9/WG1 语义模型工作组。与 ISO 20022 RMG 就报文库注册报文的类型进行研究与分类，探索将各类报文纳入 ISO 20022 报文库的途径，参与协调各用户社区区域报文库全球化进程，增进我国与全球金融基础设施报文的传输效率。

第六节　金融标准化宣传

一、金标委秘书处组织宣传

2021 年，金标委秘书处采取网络直播形式，持续开展“走进金融标准　网络直播课堂”，总观看量超过 1.8 万人次（见图 1-6），获得了良好的社会反响。通过网络直播课堂，我国金融行业专家围绕 2021 年最新发布的金融标准，重点从标准编制背景、标准主要内容及应用实施案例等方面进行解读，帮助广大金融从业者和金融消费者更加深入地了解金融标准、使用金融标准，切实解决重点金融标准宣贯及实施问题，提升金融机构标准化工作水平。

图 1-6　金融标准“网络直播课堂”宣传海报

同时，金标委秘书处积极开展金融领域标准“庆建党百年　谋标准新篇”活动。2021 年 6 月 25 日，金标委秘书处指导北京国家金融标准化研究院、北京金融科技产业联盟、北京国家金融科技认证中心和重庆国家金融科技认证中心联合主办“庆建党百年　谋标准新篇”2021 年金融标准推进实施在线宣讲活动。活动以党史学习教育“我为群众办实事”为出发点和落脚点，通过解读《多方安全计算金融应用技术规范》（JR/T 0196—2020）和《第三方支付信息系统的安全目的》（ISO 23195：2021）等重点金融标准，开展“数字经济时代下个人金融信息保护挑战”“移动金融 APP 无障碍服务标准”“银行营业网点适老服务认证”“人工智能算法金融应用评价规范”“金融业数据能力建设指引”“网上银行系统信息安全通用规范”“金融网络安全等级保护进入 2.0 时代”“金融标准实施评估”等主题宣讲，推动形成学标准、讲标准、用标准的良好氛围，助力金融监管政策和金融标准落地实施。宣讲活动吸引了来自人民银行分支机构、金融机构、金融科技企业等近 8000 人次在线参与。

二、人民银行分支机构组织宣传

2021 年，人民银行各分支机构积极组织辖内金融机构，主动开展重点金融标准宣讲，部分案例如下。

人民银行济南分行指导辖内人民银行分支机构开展LEI专题宣讲推广活动，以主题横幅、宣传展板、宣传册发放、现场讲解、视频播放、线上直播等多种形式宣传普及LEI知识，介绍LEI国内外应用情况并就LEI申请流程为企业答疑解惑。

人民银行营业管理部面向辖内各商业银行和支付机构开展重点金融标准线上解读宣讲，涉及《网上银行系统信息安全通用规范》（JR/T 0068—2020）等8项金融标准，累计19816人（次）参与宣讲，提升了金融从业人员的金融服务意识和学习金融标准的自觉性。

人民银行石家庄中支面向辖内各商业银行举办银行营业网点适老服务标准解读线上宣讲，全省金融机构代表共计1300余人参加。重点从服务环境、服务功能、服务管理、应急处置、社会责任、认证作用与优势七个方面开展宣讲，结合标准编制要求、实际案例和老年人金融服务需求，对各金融机构服务环境、咨询引导、柜面服务、智能服务、业务办理等提出了改造建议和规范化要求。

人民银行长沙中支面向辖内分支机构和各商业银行举办金融团体标准专题宣讲，全省人民银行分支机构、金融机构及金融社会团体代表共计200余人参加。重点从金融团体标准建设思考、金融团体标准编制指南及金融团体标准案例解读三个方面开展宣讲，并以《金融消费权益保护标准化网点评定规范》（T/HFCPA 001—2021）为例，从适用范围及引用文件、评定原则及术语、组织机构及评定流程、评价内容及指标体系等方面，对标准进行了全面解读。

人民银行南宁中支面向辖内分支机构和各商业银行举办金融科技标准线上宣讲，邀请外部专家对金融业数据能力建设、人工智能算法、分布式数据库技术和多方安全计算等标准的编制背景及重点内容进行了详细解读，全省科技人员和金融机构相关人员共计200人参加。

人民银行银川中支面向辖内各商业银行举办宁夏辖区金融领域企业标准专题线上宣讲班，邀请外部专家讲解金融标准实施评估工作背景及工作重点、金融领域企业标准“领跑者”活动开展情况和相关经验以及如何在银行营业网点服务国家标准的基础上增加“适老服务”等内容，有助于各金融机构开拓思路，更好地建设自身企业标准体系。

人民银行乌鲁木齐中支面向辖内分支机构和各商业银行举办金融标准化专项宣讲，全省人民银行分支机构和金融机构代表共计219人参加。重点从2017—2021年新疆金融标准化工作情况及经验、“新疆金融业产品及服务执行金融标准信息统计管理平台”建设情况及金融标准解读方面开展宣讲，增强了金融机构对标准内容理解的准确度，助力辖区金融标准化工作水平持续提升。

人民银行林芝市中支面向辖内分支机构和各商业银行举办银行服务标准化国家级试点启动暨标准化试点能力建设宣讲会，林芝辖区人民银行和各银行业金融机构代表共计 85 人参加。重点从金融标准化基础知识、标准编制、服务业标准化试点建设等方面开展宣讲，提高了辖内各机构对金融标准化意义和内容的认识，提升了各机构标准化工作人员能力，为顺利推进国家级林芝市银行服务标准化试点项目奠定良好基础。

三、金标委分委会组织宣传

证券分委会组织开展标准化工作宣讲，对证券分委会工作内容、制度及工作流程进行了全面讲解，并介绍了标准化工作典型案例和国家标准认证制度，分享了标准化建设在规范技术与业务发展方面的实践经验，加深了行业从业人员对标准化工作的认识和理解。第四届证券分委会委员、各专业工作组首席专家，以及会内相关部门、经营机构代表共 70 余人参加会议。此外，证券分委会指导资本市场学院举办证券期货业标准化培训技术管理专题培训，介绍国家标准战略及标准认证机制，讲解证券期货业标准化工作内容、相关制度及工作流程，分享了行业相关实践经验，并组织学员赴腾讯、安信证券进行了现场教学，“理论学习+实地调研”的模式受到参培人员的一致好评。

保险分委会组织开展企业标准“领跑者”辅导宣讲，引导保险机构积极参与金标委的各项宣讲，支持保险机构加大标准宣传力度，提升保险从业人员的标准化意识和能力。

印制分委会积极创新标准化宣传方式，通过邀请行业内外专家现场授课、公司网站专题报道、在线学习视频发布、微信公众号文章发布、沙龙讲座、手机终端答题、展板展示等多种形式开展标准化知识宣传，持续加大标准化基础知识的普及宣传力度，强化员工标准化意识。

四、金标委委员单位组织宣传

国家外汇管理局科技司举办 2021 年网络安全视频专题宣讲，深入剖析《关键信息基础设施安全保护条例》具体内涵和要求，对外汇局全系统深刻理解条例内容、深入做好关键信息基础设施保护工作起到了重要的引领作用。此外，通过对外汇代码赋码业务操作流程进行讲解，提升了商业银行、外汇局分支机构工作效率。

中国外汇交易中心组织开展“银行间市场业务数据交换（IMIX）标准认证”专项宣讲，全面讲解 IMIX 协议技术特性、IMIX 在金融市场的应用场景、IMIX 对交易前中后期和参考数据的支撑等 IMIX 标准相关内容。

人民银行清算总中心组织开展“金融业数据能力建设”线上宣讲，有效落实人民银行“切实提升金融数据治理水平，发挥数据要素对金融业其他要素效率的倍增作用”的科技工作目标。

人民银行数字货币研究所联合北京金融科技产业联盟区块链专业委员会组织宣讲会，对零知识证明、跨链、区块链即服务（BaaS）等技术现状、发展及相关标准进行充分讨论和沟通，加深产业内各机构对金融标准化相关内容的认识。

上海清算所面向公司全体员工组织开展内部宣讲，重点讲解 LEI、UPI、金融市场基础设施原则（PFMI）、网络安全等级保护制度 2.0、ISO 27001 信息安全管理体系等标准，让员工了解金融标准、熟悉金融标准和应用金融标准，让金融标准化工作深入人心，同时也将标准“软实力”建设作为推动公司业务高质量发展的有效助力。

中国互联网金融协会举办首期“金融领域企业标准领跑者活动政策解读及标准化能力建设”宣讲班，金标委秘书长杨富玉出席，并开展“‘十四五’金融标准化形势与发展展望”主题演讲，工作组成员及协会相关会员单位参加。

上海票据交易所邀请外部专家就数据安全标准化管理及应用开展专题宣讲，从数据安全面临的挑战、数据安全法律法规与标准化体系、数据分级分类框架及应用等方面进行讲解，既增强了员工在数据安全应用方面的实践能力，也提升了公司员工自身的标准化工作水平，更提高了票交所自身的金融标准化建设能力。

农信银资金清算中心结合金融行业 2021 年重点宣传推广金融标准，邀请外部专家讲师，面向农信机构组织开展基于《金融数据安全　数据安全分级指南》（JR/T 0197—2020）、《金融数据安全　数据生命周期安全规范》（JR/T 0223—2021）的标准化宣讲，同时，组织开展“数字化转型中的金融标准支撑”视频宣讲，在农信系统内进一步普及金融标准化知识，提升标准化意识。

中国农业银行举办企业标准编制宣讲班，助力企业标准高质量编制。在全国范围内开展形式多样、内容丰富的金融标准宣传普及活动，共计举办活动 1.5 万场，增强金融标准影响力，帮助金融从业人员及广大消费者学习掌握标准、使用标准。

中国建设银行与建信金融科技公司联合举办“2021 年金融标准能力提升宣讲班”，结合“十四五”标准化的形式及任务、建设银行标准工作的实践情况，围绕金融、信息技术、政务服务、“双碳”等领域的标准化现状和专业知识开展宣讲授课，共计 1024 位学员参加，累计观看时长达 76548 分钟。

重庆农村商业银行组织开展内部学习，累计制作《不宜流通人民币　纸币》(JR/T 0153—2017)、《银行营业网点服务基本要求》(GB/T 32320—2015)、《银行营业网点服务评价准则》(GB/T 32318—2015) 等 7 个金融标准解读视频，并配套课程内容相关测试题。

北京国家金融科技认证中心面向人民银行分支机构、金融机构以及金融产业单位开展金融标准化宣讲工作，围绕普惠金融支付服务点、金融行业网络安全等级保护实施指引、个人金融信息保护以及金融标准实施推进、企业标准化良好行为创建与评价、企业标准“领跑者”、企业标准体系建设与企业标准编制等领域开展标准宣讲班共计 38 次，受训人员达 1.6 万余人次。

第七节　金融标准检测认证

金融标准检测认证在推动金融产品和服务质量建设，推动金融标准实施，夯实金融基础设施等方面发挥显著作用。2021 年，金融业标准检测认证协同模式日趋完善，金融质量基础设施雏形初现。金融标准检测认证持续发挥“保底线、拉高线”效能，助力金融治理体系建设与金融高质量发展，支撑金融行业守正创新、安全可控、普惠民生、开放共赢。

一、金融质量基础设施初具雏形

随着北京国家金融标准化研究院、北京国家金融科技认证中心、重庆国家金融科技认证中心相继成立，金融标准检测认证质量基础设施初具雏形。截至 2021 年底，已有 10 家认证机构[①]申请并备案金融标准认证业务，有效的认证项目共 47 项，较 2020 年新增 7

① 来自“全国认证认可信息公共服务平台”机构信息查询结果。

项。认证项目包括29项金融服务认证、11项国家统一推行的金融科技产品认证和7项一般产品认证，认证对象涵盖金融基础设施、金融产品、金融服务等多个领域（见表1-2）。

表1-2 2021年有效认证业务

序号	业务类型	业务名称
1	服务认证	非银行支付机构支付业务设施技术认证
2		移动金融技术服务认证 声纹识别安全应用
3		移动金融技术服务认证 条码支付受理终端
4		移动金融技术服务认证 银行卡销售点（POS机）终端
5		移动金融技术服务认证 银行卡自动柜员机（ATM）终端
6		移动金融技术服务认证 安全载体（SE）
7		移动金融技术服务认证 嵌入式应用软件
8		移动金融技术服务认证 安全芯片
9		移动金融技术服务认证 移动终端可信执行环境
10		移动金融技术服务认证 可信服务管理系统
11		移动金融技术服务认证 声纹识别安全应用
12		金融安全载体个人化生产企业服务认证
13		金融密码应用服务认证
14		银行卡发卡系统技术认证
15		银行卡清算组织业务设施技术认证
16		银行营业网点服务认证
17		金融业信息系统机房动力系统认证
18		农村普惠金融支付服务点认证
19		IPv6金融应用认证
20		网上证券交易服务认证
21		网上银行服务认证
22		不宜流通人民币管理认证
23		金融行业数据中心技术设施等级认证
24		中小银行信息系统托管维护服务认证
25		个人金融信息保护标准符合性认证（2021年新增）
26		金融业数据能力等级认证（2021年新增）
27		金融业数据中心基础设施等级认证（2021年新增）
28		个人金融信息保护能力认证（2021年新增）
29		银行营业网点适老服务认证（2021年新增）

续表

序号	业务类型	业务名称
30	国家统一推行的金融科技产品认证	客户端软件
31		安全芯片
32		安全载体
33		嵌入式应用软件
34		银行卡自动柜员机（ATM）终端
35		支付销售点（POS）终端
36		移动终端可信执行环境（TEE）
37		可信应用程序（TA）
38		条码支付受理终端（含显码设备、扫码设备）
39		声纹识别系统
40		云计算平台
41	一般产品认证	金融集成电路（IC）卡产品认证（PBOC）
42		金融集成电路（IC）卡产品认证（安全芯片）
43		金融集成电路（IC）卡产品认证［芯片操作系统（COS）］
44		移动终端安全金融盾认证
45		个人信用报告自助查询终端认证
46		金融科技技术产品通用安全认证（2021 年新增）
47		移动金融无障碍客户端软件认证（2021 年新增）

二、检测认证推进金融标准实施

通过检测认证的机构数量持续增长。除港澳台外的全国 31 个省（自治区、直辖市）均以不同形式开展了金融标准认证工作。截至 2021 年底，累计 2845 家申请方[①]获得认证，随着“金融标准+检测认证”的标准实施模式稳步推进，通过认证的申请方较上一年度同比增长 14%。其中，银行营业网点服务认证的申请方达 920 余家，覆盖网点数 31000 余个。近 11 年通过认证的申请方数量见图 1-7。

① “申请方”包括持牌金融机构，以及金融产品与服务产业上下游企业。同一认证申请方申请不同领域认证时，统计数据进行累加计数。

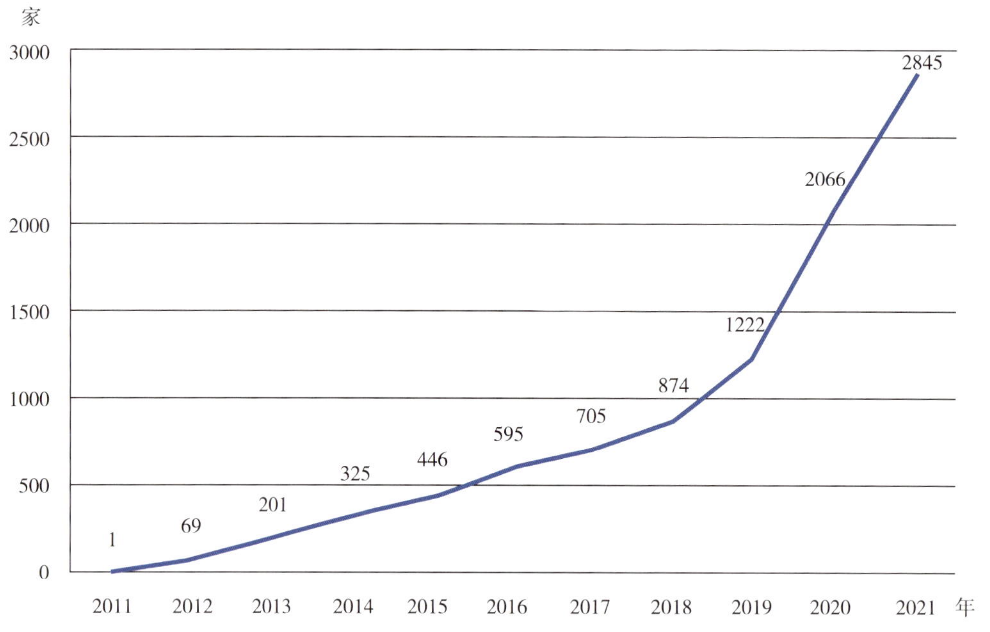

图 1-7　通过检测认证的申请方数量

检测认证助推金融标准实施。2021 年，共有 83 项金融标准成为检测认证依据，较上一年度同比增长 5%（见图 1-8），覆盖金融国家标准、行业标准、团体标准。其中金融国家标准 2 项、金融行业标准 71 项，占现行金融国家与行业标准①的 22.1%。金融标准检测认证多层次、多维度地推动金融标准实施，为金融产品与服务提质增效贡献力量。

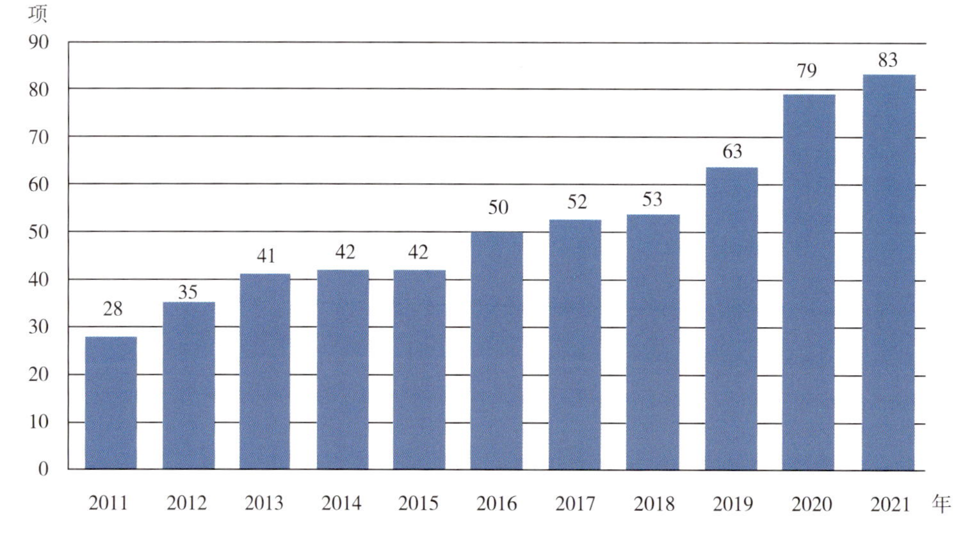

图 1-8　金融标准应用于检测认证情况

① 金融行业标准数量来自全国金融标准化技术委员会网站公布截至 2021 年 12 月 13 日金融国家与行业标准目录。

检测认证促进金融标准应用转化。金融标准检测认证有效促进金融机构应用金融国家标准和行业标准，银行营业网点服务国家标准对标率提升至 88%，移动金融客户端应用软件安全管理标准对标率两年内达到 80%以上。金融机构在对标过程中，结合自身金融服务特点与所处地域特性，积极开展企业标准研制，使用标准化手段提升内部管理与服务质量。以银行营业网点领域为例，截至 2021 年底，金融机构发布有效银行营业网点服务类企业标准共计 2029 项，较 2020 年增加 55%，金融机构积极使用标准化手段提升内部管理和服务质量。

三、检测认证助力金融高质量发展

发挥检测认证保底线、拉高线效能。标准、检测检验、认证三个环节衔接配套运行，恪守标准实施质量要求，有效地提升了金融风险防控效能。围绕《金融科技创新安全通用规范》（JR/T 0199—2020）等标准，推出金融科技技术产品通用安全认证，促进技术创新良性发展。试点开展区块链技术金融应用、商业银行应用程序接口安全管理规范制定、多方安全计算金融应用技术等金融行业标准检测认证，研究孵化人工智能算法金融应用评价双认证体系，助力金融科技守正创新。以网络安全等级保护测评为契机，推进《金融行业网络安全等级保护实施指引》（JR/T 0071—2020）等金融行业网络安全标准应用实施，提升金融网络安全防护水平。

助力构建新型金融基础设施。围绕《金融业信息系统机房动力系统规范》（JR/T 0131—2015）等标准，开展金融业数据中心基础设施等级认证，助推金融业数据中心在设备设施、网络通信、IT 设备、运行管理、综合治理等方面的标准符合性水平提升。辅助金融业数据中心实现全生命周期管理，促进构建高可用与富于韧性的金融基础设施，为构建资源均衡、供给敏捷、运行高效、绿色环保的新型金融数据中心提供支持。

推动无障碍改造弥合数字鸿沟。按照《国务院办公厅印发关于切实解决老年人运用智能技术困难实施方案的通知》（国办发〔2020〕45 号）的战略部署，结合行业主管部门工作方案，积极开展银行营业网点适老服务认证和移动金融无障碍客户端软件认证。引导银行营业网点与手机银行等主要金融服务渠道，积极打造安全无障碍的“适老化”“无障碍”智能环境，着力弥合“银发族”在办理柜面业务、智能设备运用等金融服务领域的“数字鸿沟”，提升残障人士等特殊群体金融服务可得性、易用性和安全性，提高人民群众的幸福感和获得感。

助力普惠金融可持续发展。截至 2021 年底，共 5 万余个农村普惠金融服务支付点接受农村普惠金融支付服务点业务设施技术认证，推进了移动支付在农村地区的发展应用，有效地提升了服务点环境管理水平和软硬件设施安全水平，持续推动了农村普惠金融服务规范化，为金融服务下沉乡村奠定了基础，人民群众的幸福感和获得感得到显著提高。

第八节　金融标准实施评估

为健全金融标准实施信息反馈机制，跟踪了解金融标准实施情况，探索推动标准实施的有效路径，金标委秘书处组织开展 2021 年金融标准实施评估工作。评估结果表明，金融机构对标准化工作的重视程度不断增强，金融标准实施水平持续提升。

一、评估安排

（一）评估内容

评估金融国家标准和行业标准实施情况，包括《网上银行系统信息安全通用规范》《银行业集中营运规范》《个人金融信息保护技术规范》《商业银行应用程序接口安全管理规范》《金融科技创新安全通用规范》《银行非现金自助服务终端设备技术规范》《金融行业网络安全等级保护实施指引　第 2 部分：基本要求》《银行营业网点服务基本要求》《银行营业网点服务评价准则》《商业银行内部控制评价指南》《不宜流通人民币　纸币》《不宜流通人民币　硬币》《农村普惠金融服务点　支付服务点技术规范》《金融消费者投诉统计分类及编码　银行业金融机构》《商业银行担保物基本信息描述规范　第 1 部分：通用数据元》《商业银行担保物基本信息描述规范　第 2 部分：专用数据元》《移动金融客户端应用软件安全管理规范》《中小银行信息系统托管维护服务规范》15 类共 18 项标准，较 2020 年新增《个人金融信息保护技术规范》等 7 项标准，涵盖金融消费者权益保护、金融网络安全、金融科技等重点领域。此外，还对市场供给的企业标准整体建设情况进行了评估。

（二）评估对象

2021 年评估除港澳台外的全国 31 个省（自治区、直辖市）225 家金融机构，较 2020 年增加 48 家。今年首次新增 8 家外资法人银行以及 1 家互联网银行（中信百信银行）。以城市商业银行和村镇银行为代表的中小银行占比最高，详见图 1-9。

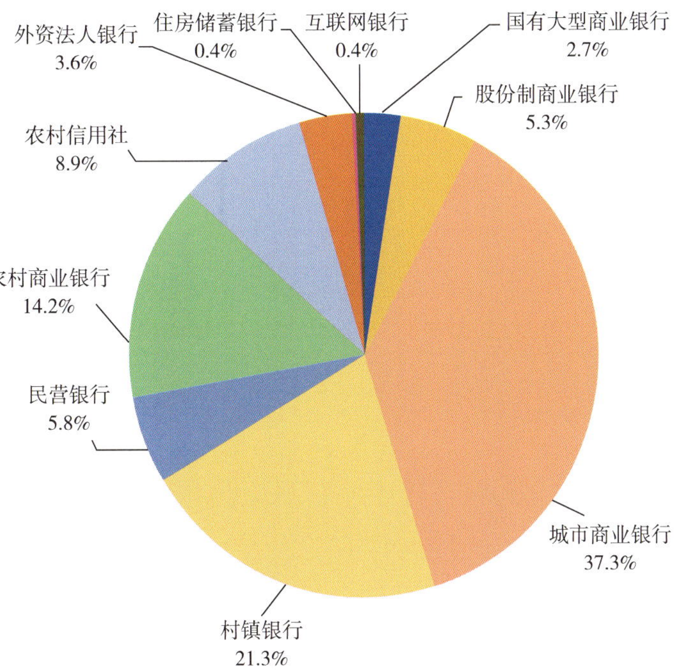

图 1-9　2021 年参与评估的金融机构类型分布

（三）评估方式

2021 年使用金融标准创新建设试点成果“金融标准实施数据平台”取代传统 Excel 表格收集统计信息，金融机构可通过全球法人识别编码（LEI）登录平台，对各项标准实施情况进行在线填报，有效提高数据统计分析效率。

二、2021 年金融标准实施情况

（一）按金融标准类别分析

参与评估的 225 家银行业金融机构中，有 25 家（11%）对全部 18 项标准开展对标；187 家（83%）开展了 9 项以上标准对标。

对于 2020 年评估过的 11 项标准，金融机构开展对标情况持续提升。80%以上的金融机构完成银行营业网点服务标准、金融消费者投诉统计分类及编码标准、不宜流通人民币标准、移动金融客户端应用软件安全管理标准；59%以上的金融机构完成商业银行内部控制评价标准、商业银行担保物基本信息描述标准、中小银行信息系统托管维护标准。农村普惠金融服务点标准受适用范围的限制，在225家金融机构中的对标率为43%；如按该标准适用的金融机构统计，对标率达81%，详见图1-10。

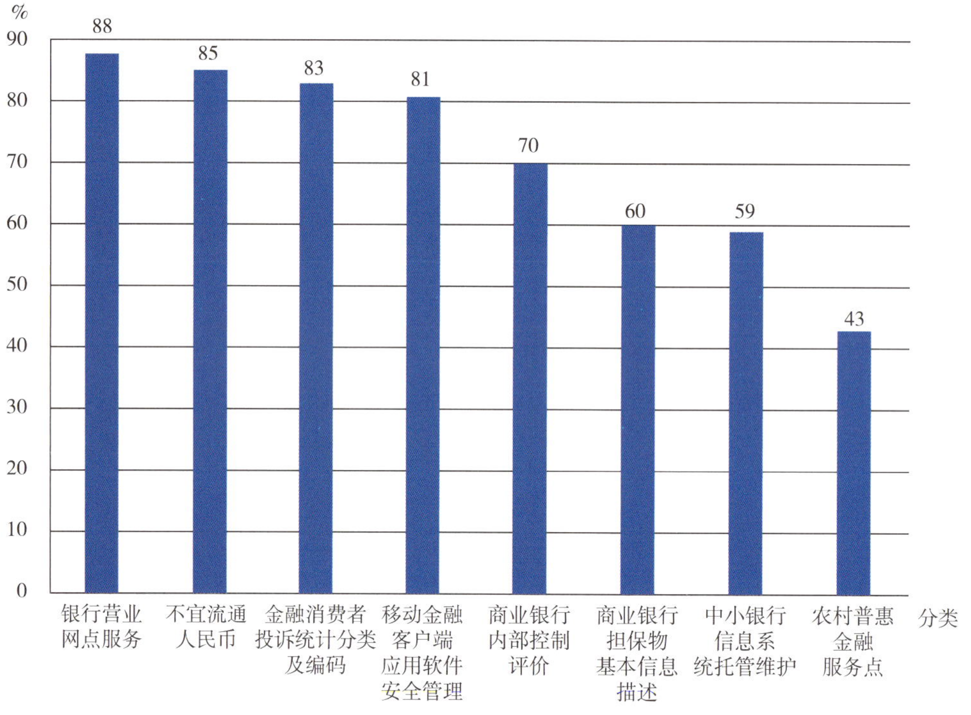

图1-10 金融机构对2020年评估过的11项标准开展对标情况

对于2021年新增评估的7项标准，在标准发布一年内，已有超过半数的被评估机构开展对标，标准推广应用速度较快。金融业网络安全等级保护、网上银行系统信息安全标准的对标率超过80%；个人金融信息保护、商业银行应用程序接口安全标准的对标率超过70%；银行非现金自助服务终端设备、金融科技创新安全、银行业集中营运三项标准的对标率在60%左右，详见图1-11。上述标准有效支持了网络安全法等法规政策的落地实施。

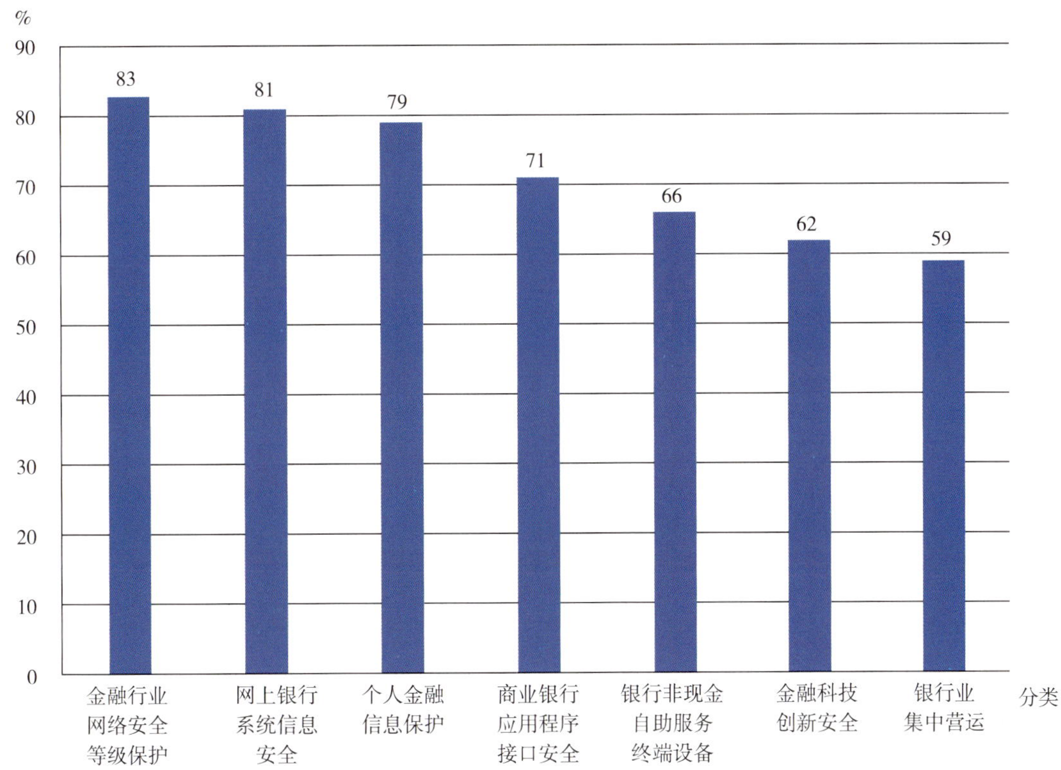

图 1-11　金融机构对 2021 年新增评估的 7 项标准开展对标情况

（二）按金融机构类别分析

针对此次评估的 18 项标准，国有大型商业银行、城市商业银行、股份制商业银行与民营银行的平均对标率均超过 80%，较 2020 年水平均有所提升。农村信用社、农村商业银行平均对标率超过 70%，村镇银行平均对标率超过 50%，详见图 1-12。参与评估的 8 家外资法人银行中，5 家银行对网上银行系统信息安全、金融行业网络安全等级保护等 10 项金融行业标准开展对标。

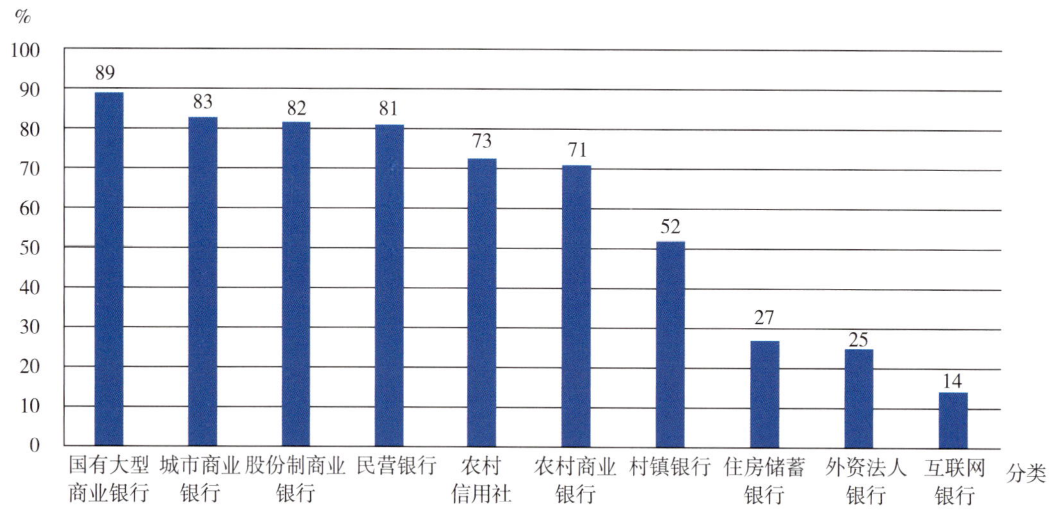

图 1-12　2021 年各类金融机构对 18 项标准的平均对标情况

（三）金融机构实施标准的驱动力

通过计算金融机构对 18 项标准实施驱动力的平均值，可以看出，标准在提升金融机构内部管理水平、提高产品与服务质量中的作用逐步被金融机构认可，成为金融机构实施标准的主要动力。其他驱动因素还包括：行政主管部门发文要求实施、金融机构数字化转型的技术发展需要、金融机构通过金融科技产品认证的需要等，详见图 1-13。

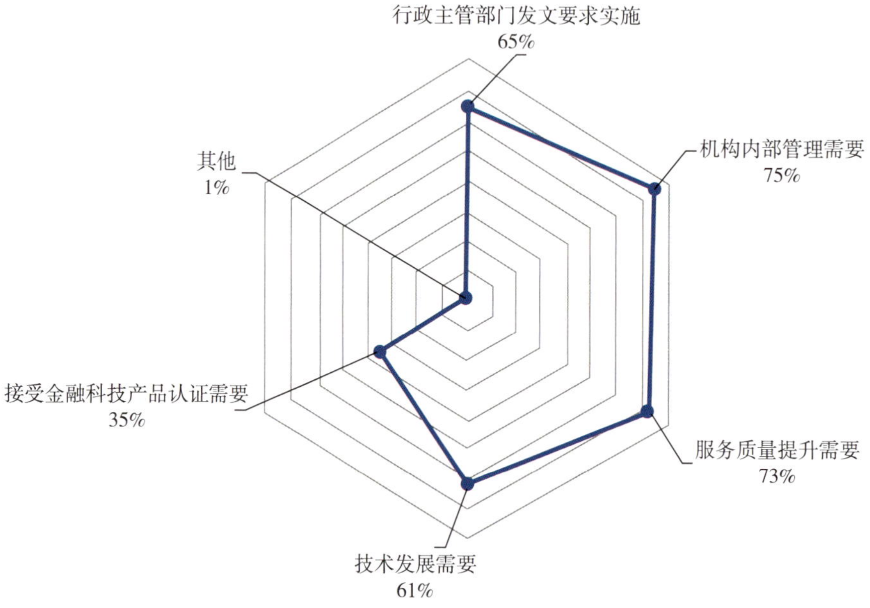

图 1-13　金融机构实施各类金融标准的驱动力

（四）金融标准实施产生的效益

参与评估的金融机构对于实施18项标准产生的效益做出定性判断，70%以上的机构认为实施标准对于社会效益和经济效益有提升作用，且多数标准实施的社会效益大于经济效益，详见图1-14。

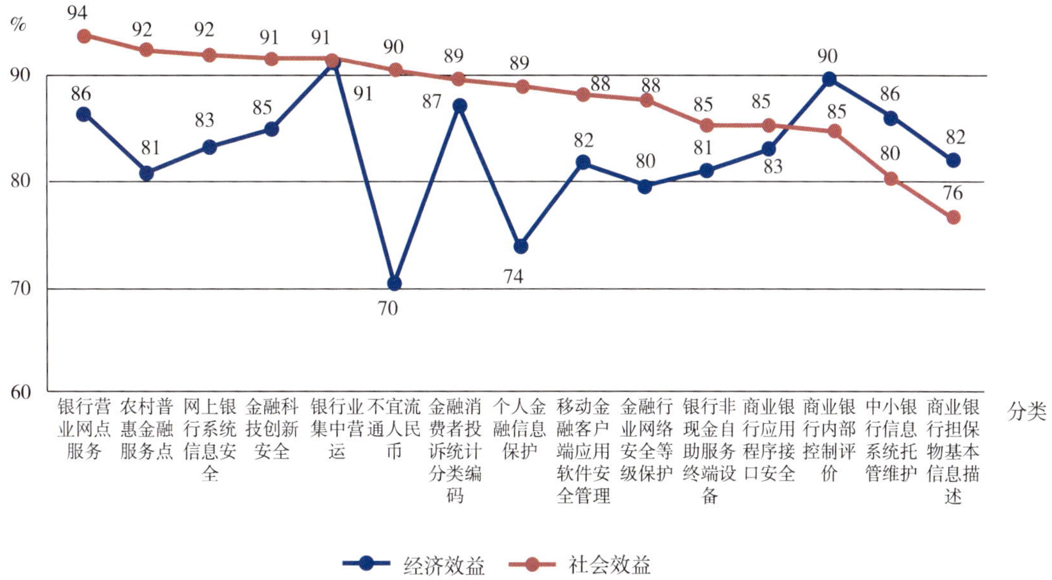

图1-14 实施各类标准对社会效益与经济效益有提升作用的机构比例

三、金融机构企业标准建设情况

（一）金融机构企业标准研制情况

2021年，金融机构开展企业标准研制与自我声明公开的积极性进一步显现。参与评估的6家国有大型商业银行、1家住房储蓄银行及1家互联网银行（中信百信银行）全部制定了企业标准。92%的股份制商业银行，82%的城市商业银行，50%以上的农村信用社、民营银行、农村商业银行、村镇银行以及25%的外资法人银行也制定了企业标准。

在企业标准自我声明公开方面，参与评估的国有大型商业银行平均公开了12项企业标准，股份制商业银行平均公开了4项企业标准，城市商业银行、民营银行平均公开了3项企业标准。农村商业银行、农村信用社、村镇银行、住房储蓄银行、互联网银行及外资法人银行公开企业标准的积极性有待进一步提升，详见图1-15。

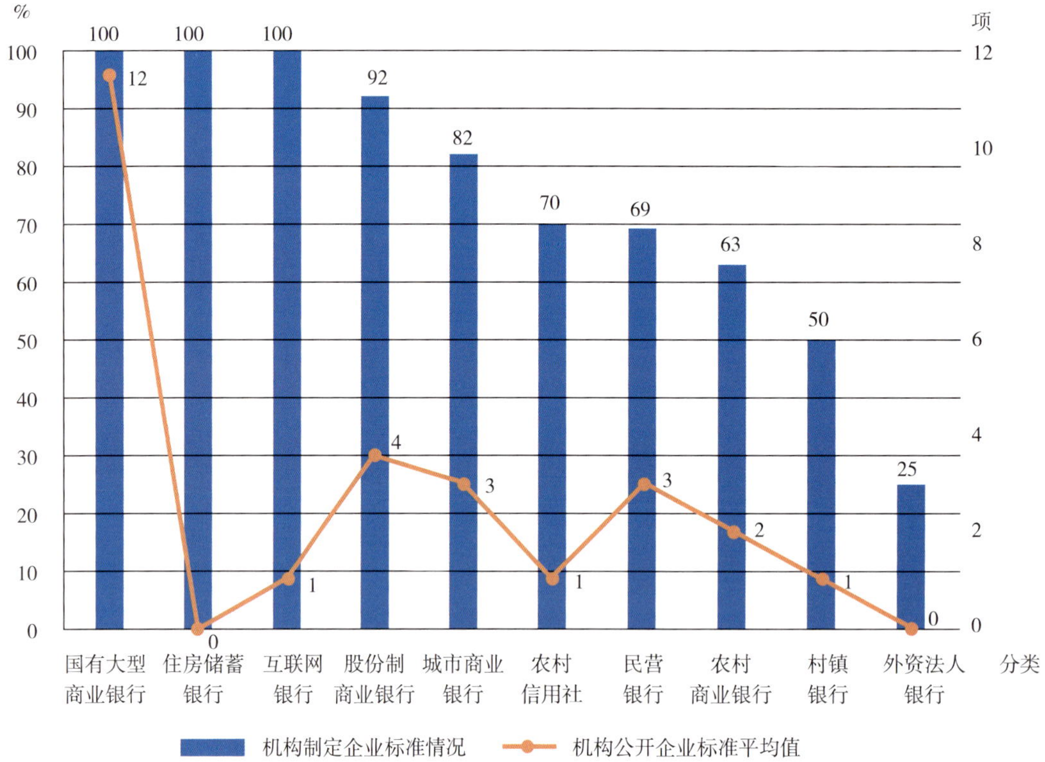

图 1-15　2021 年各类金融机构制定企业标准情况

（二）金融机构企业标准体系建设情况

2021 年，国有大型商业银行、民营银行、股份制商业银行、村镇银行、农村信用社、农村商业银行的企业标准体系建设情况较 2020 年有所提升，其中民营银行、村镇银行及农村信用社的企业标准体系建设比例较 2020 年平均提升 15.3%。但整体来看，除国有大型商业银行及 1 家互联网银行（中信百信银行）外，其余各类金融机构开展企业标准体系建设的比例仍不过半，有待进一步提高，详见图 1-16。

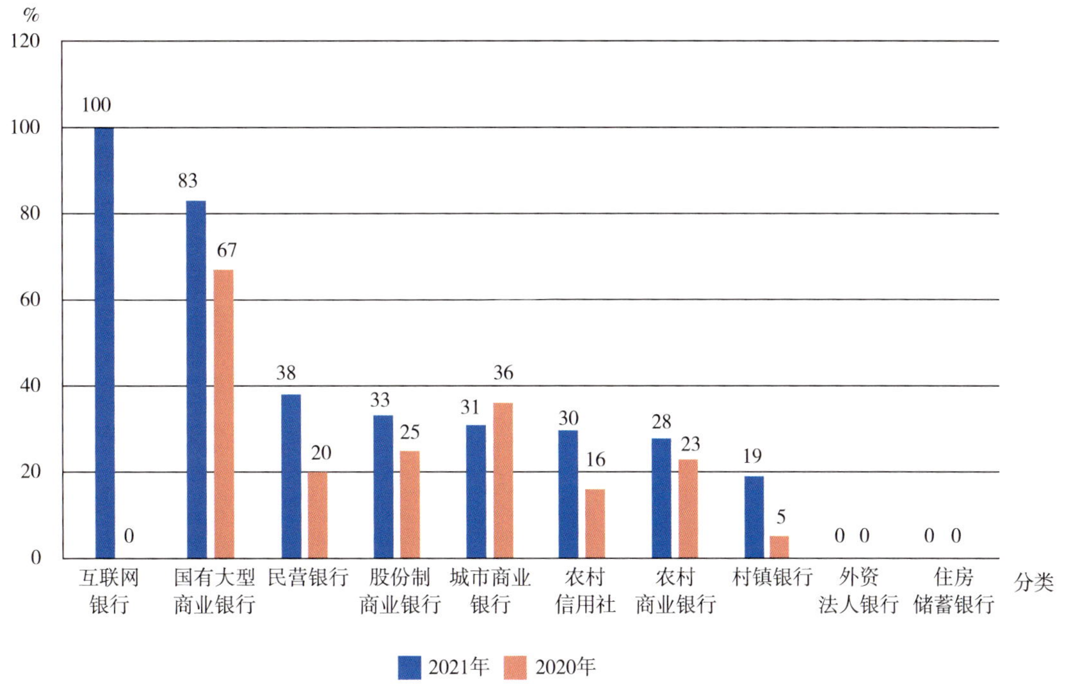

图 1-16　2020—2021 年各类金融企业标准体系建设情况

(三) 各地区金融机构企业标准制定公开情况

部分地区金融领域企业标准化成效较好，其主要原因是当地金融机构能够依据社会民众及企业自身需求，有针对性地开展企业标准制定和公开工作。如北京、山东等地金融机构通过制定并实施标准，提升对姓名含生僻字群众的金融服务能力；湖南地区金融机构制定乡村振兴贷、农村土地抵押担保等标准，支持缓解“三农”融资问题；河北、湖北等地金融机构积极制定适老化服务标准，助力弥合金融服务的“数字鸿沟”；浙江地区金融机构结合绿色金融试验区有关工作，制订标准助力绿色金融发展。上述地区金融机构自我声明公开企业标准的平均数量较为领先。

(四) 金融机构标准化服务需求情况

评估结果显示，所有参与评估的机构都对金融标准化服务存在一定需求。在各类需求中，金融机构对于金融标准宣传解读、金融标准化人才培养的需求最为迫切；对于企业标准体系建设咨询、金融标准编制咨询的需求，解释了企业标准体系建设水平有待提升的原因，详见图 1-17。

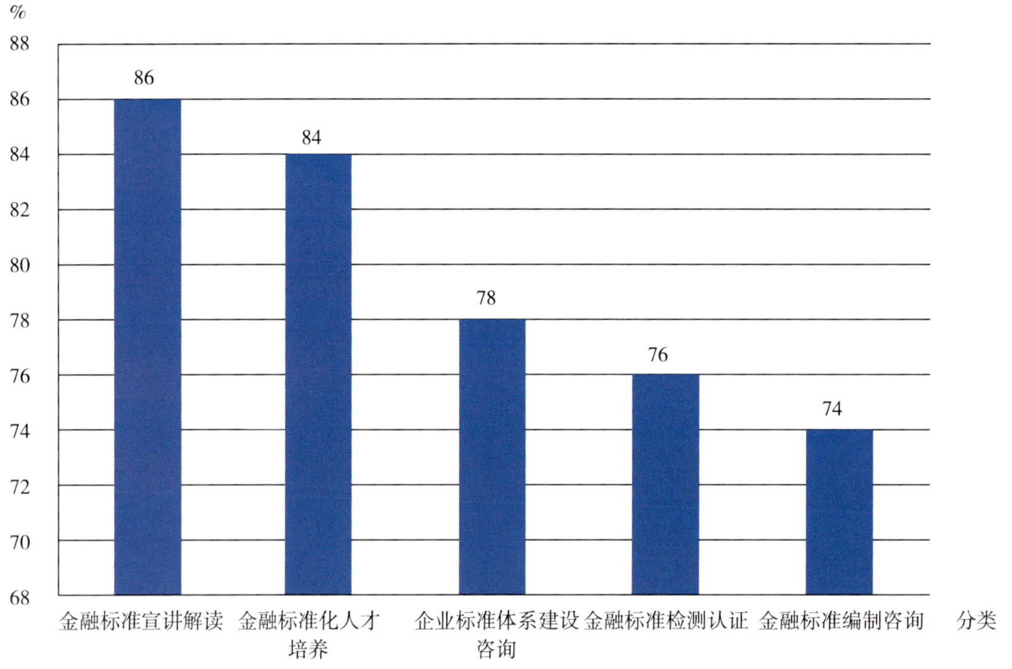

图 1-17　2021 年各类金融机构对于金融标准化服务需求的情况

第二章
金融标准国际化

- 金融标准国际化跟踪与研究
- 参与国际标准化工作情况
- 金融标准化国际交流

2021 年，金标委组织相关力量积极参与金融标准国际化活动和全球法人识别编码体系（全球 LEI 体系）建设，持续提升金融国际标准化参与度，不断增强我国在国际金融标准化领域的影响力，强化金融国际标准化人才队伍。深入开展全球 LEI 体系各层级跟踪研究以及我国本地系统建设运营工作，大力推进 LEI 应用实施，我国金融标准化双向开放取得积极进展。

第一节　金融标准国际化跟踪与研究

一、ISO/TC68 标准化跟踪与研究

截至 2021 年底，国际标准化组织金融服务技术委员会（ISO/TC68）现行有效标准 67 项，包括安全类标准 17 项、参考数据类标准 19 项、信息交换类标准 31 项。

2021 年，ISO/TC68 发布了 10 项国际标准，分别是：ISO 23195：2021《第三方支付服务信息系统的安全目的》、ISO 6166：2021《证券及相关金融工具　国际证券识别编码体系（ISIN）》、ISO 10962：2021《证券和相关金融工具　金融工具分类（CFI 码）》、ISO 4914：2021《金融服务　唯一产品识别码（UPI）》、ISO 24366：2021《金融服务　自然人识别码（NPI）》、ISO 24165—1：2021《数字令牌标识符（DTI）注册、分配和结构　第一部分：注册和分配方法》、ISO 24165—2：2021《数字令牌标识符（DTI）注册、分配和结构　第二部分：用于注册的数据要素》、ISO 5116—1：2021《提高财务和业务报告的透明度—协调主题—第 1 部分：欧洲用于监督报告的数据点方法》、ISO 5116—2：2021《提高财务和业务报告的透明度—协调主题—第 2 部分：数据点建模准则》、ISO 5116—3：2021《提高财务和业务报告的透明度—协调主题—第 3 部分：DPM 和 MDM 之间的映射》。

2021 年，ISO/TC68 提出 6 项新工作项目提案，分别是：ISO/CD 13491—2《金融服务　安全加密设备（零售）第 2 部分：金融交易中设备安全符合性检测清单》、ISO/AWI TR 6083《银行产品服务手册描述指南》、ISO/FDIS 9362《银行业务　银行电讯报文　业务标识符代码（BIC）》、ISO/DTR 7340《金融服务中参考数据分发技术报告》、ISO/DTR 22126—3《ISO 20022 补充的外部表示　第 3 部分：ISO 20022 概念模型的语义

丰富》、ISO/DTR 22126—5《ISO 20022 补充的外部表示　第 5 部分：从 FIX Orchestra 到通用数据模型的映射》。

ISO 20022 注册机构（RA）发布了支票管理报文、TARGET2—证券—证券参考数据报文、卡支付—接收机构到受理机构报文等 40 条报文。

2021 年，ISO/TC68 及其分委会组织开展了 ISO 5009《金融服务　官方组织角色　官方组织角色方案》、ISO/DIS 5158《移动金融服务　客户身份鉴别指南》、ISO/WD 5201《金融服务　条码支付安全》、ISO/DIS 16609《金融服务　采用对称加密技术进行报文鉴别的要求》等 33 项国际标准制修订。

表 2-1　2021 年 ISO/TC68 金融国际标准制修订统计

标准制修订过程	立项	编制与修订	发布
数量统计	6 项	33 项	10 项

ISO/TC68 重点开展的标准化工作如下：

（一）推动金融安全重点领域标准研制

2021 年，ISO/TC68/SC2 正式发布了 ISO 23195：2021《第三方支付服务信息系统的安全目的》。该标准由我国专家担任项目负责人，法国、英国、俄罗斯、日本、韩国、瑞士等国家专家共同参与制定工作。该标准描述了第三方支付服务模式需要保护的资产及其支撑环境，梳理了需要保护的用户数据、业务数据和系统数据，有针对性地提出了第三方支付服务信息系统要达到的安全目的，有利于提高网络支付和支付数据的安全性。同时，ISO/TC68/SC2 积极推进 ISO/CD 13491—2《金融服务　安全加密设备（零售）第 2 部分：金融交易中设备安全符合性检测清单》、ISO/CD 19092《金融服务　生物识别　安全框架》、ISO/DIS 16609《金融服务　采用对称加密技术进行报文鉴别的要求》等多项标准的制定工作。

（二）推动金融参考数据领域标准化工作

2021 年 9 月 27 日，ISO/TC68/SC8 以远程工作会议方式决议解散金融工具分类咨询组（AG1）、唯一产品识别码工作组（WG8）和官方组织角色工作组（WG9）。同时，会议决议成立数字钱包识别研究组（SG5），负责数字钱包定义、分类、要求及相关法律法规等标准化研究工作。2021 年，ISO/TC68/SC8 发布了 ISO 10962：2021《证券和相关金融工具　金融工具分类（CFI 码）》、ISO 4914：2021《金融服务　唯一产品识别码

（UPI）》、ISO 24366：2021《金融服务　自然人识别码（NPI）》等多项国际标准。

（三）加快金融信息交换领域标准研制

2021 年 9 月 28 日，ISO/TC68/SC9 以远程工作会议方式决议出版《关于 ISO 20022 修订商业价值和影响分析的研究报告》，成立 ISO 20022 标准复审工作组（WG4）以处理“对 ISO 20022 标准文本的修改建议”，并将“对 ISO 20022 标准文本以外的修改建议”提交至 ISO 20022 注册管理组（RMG）处理。2021 年，ISO/TC68/SC9 积极推进 ISO/DIS 8583《产生报文的金融交易卡　交换报文规范》、ISO/DIS 18245《金融零售业务商户类别代码》等多项标准的修订工作。

（四）推进 ISO 20022 标准复审工作

2021 年 1 月，ISO 20022 RMG 在组内开展召集人征集工作，Masayuki Tagai 当选 RMG 召集人。9 月 29 日，ISO 20022 RMG 以远程工作会议方式决议通过了以下事项：一是确定 RMG 领导层调整方案及其工作职责。二是同意我国代表提出的将中国外汇、票据、黄金、债券、清算等领域关键报文纳入 ISO 20022 报文库的建议，并计划将我国应用情况作为 ISO 20022 本地化应用的最佳实践。三是将组建实践设计临时工作组，负责统筹商业实践、市场标准以及治理要求。

二、ISO/TC322 标准化跟踪与研究

（一）ISO/TC322 积极参与可持续金融国际合作

截至 2021 年底，国际标准化组织可持续金融技术委员会（ISO/TC322）共有 26 个正式成员（P-member）和 18 个观察成员（O-member），设有主席顾问组（CAG）、可持续金融框架工作组（WG1）等 7 个工作组，已发布 1 项国际标准，在建 2 项国际标准。ISO/TC322 已与金融服务技术委员会（TC68）、环境管理技术委员会（TC207）等 10 个 ISO 技术委员会，以及欧盟委员会（EC）、气候债券倡议组织（CBI）等 13 个国际组织建立联络关系。

ISO/TC322 积极参与 G20 可持续金融路线图制定、国际可持续发展准则理事会（ISSB）筹建、第 26 届联合国气候变化大会（COP26）国际组织圆桌会议、国际证监会组织（IOSCO）可持续专项组圆桌会议等国际活动，成为推动全球可持续金融事业发展的重要力量。

（二）可持续金融与金融科技标准趋于融合发展

2021年9月，ISO/TC322成立可持续金融科技技术咨询组（TAG1），除了有效发挥金融科技为客户创造的可用、高效、透明、自动化价值之外，还要在投融资活动的产品和服务中融入可持续发展力量，推动金融科技与可持续金融融合发展。

TAG1通过与ISO/TC68金融科技技术咨询组（AG4）开展合作，帮助ISO/TC322在可持续金融科技标准领域建立独一无二的世界领先专业力量。目标是以金融科技手段大幅提升环境、社会和治理（ESG）影响评估、信息披露、保证验证等工作效率，进一步防止“洗绿”风险发生。TAG1的首要工作是厘清可持续金融和金融科技之间的关系，计划以绿色债券区块链为切入开展深入研究，同时基于市场需求和接受度，对可持续金融科技标准的范围界定尽快达成共识。

（三）可持续金融术语成为风险术语体系的重要组成

2021年9月，ISO和国际电工委员会（IEC）共同成立风险概念与相关术语联合专项组（JTF），推动相关领域的信息共享，并明确风险相关术语标准化路径，以更好地满足标准使用方实际需求并提出解决方案。

可持续金融是金融体系与可持续发展观念的融合体，面临传统金融风险与环境气候风险的双重叠加，可持续金融术语是风险术语体系的重要部分。ISO/TC322成立后的首个标准项目即为可持续金融术语标准，该标准为推动金融监管部门、金融机构、投资人、实体经济部门、国际倡议组织和学术机构等相关方对可持续金融相关重要议题更好达成共同理解提供了标准依据和参考。我国专家被委派为ISO/TC322代表参与风险术语联合专项组工作，对风险术语国际标准体系构建作出积极贡献。

三、全球LEI体系跟踪研究与实施情况

2021年，全球LEI体系监管委员会（Regulatory Oversight Committee，ROC）、全球法人识别编码基金会（Global Legal Entity Identifier Foundation，GLEIF）及本地系统（Local Operating Unit，LOU）积极推动全球LEI应用实施，取得一定进展。

（一）监管委员会（ROC）

1. 职能及治理机制调整

一是调整ROC组织机制。ROC主席团换届，任期由两年改为三年。新任主席由美国

证券交易监督委员会（SEC）办公室代表担任，副主席由人民银行科技司、欧洲证券和市场管理局（ESMA）市场和数据报告部、尼日利亚证券交易委员会代表担任，本届主席团任期为 2022 年 1 月至 2024 年 1 月。ROC 设立临时秘书处，任期 2~3 年，由美国财政部金融研究办公室和中国人民银行科技司联合承担。

二是调整执行委员会组织机制。调整执行委员会的成员资格、任务职能、架构设置及工作程序等。

三是调整工作组设置。增设衍生品编码和数据要素工作组，由与金融交易报告相关市场主体专家组成，参与国际衍生品编码相关技术标准和治理政策研制。将非常规结构工作组并入二级数据工作组。

2. 加快推动国际衍生品编码实施

ROC 组织 UPI 服务提供机构国际编码机构协会衍生品服务局（ANNA DSB）研究全球 UPI 应用实施计划，支持其完成 UPI 编码规则国际标准制定发布，以及 UPI 服务法律条款征求意见工作，同意将 UPI 服务上线时间延后至 2023 年第四季度。据统计，主要经济体 UPI 实施计划如下：美国、欧盟预计为 2023 年第四季度，英国预计为 2023 年第四季度至 2024 年第一季度，日本预计为 2023 年第二季度至第三季度，我国预计为 2024 年第三季度。

3. 持续完善 LEI 数据建设相关政策标准

一是加强关系数据建设。完善关系数据收集机制，明确验证权限、注册权限和公司注册权限等字段。拟推动在企业公开和合并财务报表中嵌入 LEI，并与国际会计准则理事会（IASB）沟通实施建议，以提高关系数据透明度和可靠性，降低数据收集成本。

二是加强 LEI 数据质量建设。研究提出数据质量验证标准，规范机构名称录入和检索标准，提高法人名称的准确性，避免产生“瀑布效应”，并加大音译数据信息的核验力度。

（二）全球法人识别编码基金会（GLEIF）

1. 持续推进 LEI 赋码推广

2021 年，GLEIF 致力于实现 LEI 快速推广和应用。具体实施方式主要包括：一是持续推广验证代理赋码模式，在美国、欧盟、中国等地开展 5 个验证代理试点，下沉 LEI 信息核验流程，加快 LEI 赋码效率；二是探索与监管部门合作开展 LEI 批量发码，通过与工商注册机构合作等方式进一步增加发码量；三是完善 LEI 定价模式，转变目前单一的收费方式，针对不同场景设计梯度收费模式，力争从发码收费逐步转变为服务收费。

2. 构建可信任 LEI 生态体系

2021 年，GLEIF 大力推动 LEI 与数字身份认证技术的结合应用，提出可验证 LEI（vLEI）业务规划，推动研究支撑 LEI 数字化可信使用的关键技术，建设全球基础设施及治理体系。2021 年底，GLEIF 启动 vLEI 试点工作，并在金融、互联网、供应链、医疗等行业遴选试点机构。

3. 强化市场推广手段

GLEIF 以多种方式与利益相关者合作，与市场参与者保持双边关系，委派多名董事参与联合项目和推广活动，建立包含相关联系人、场地、活动等内容的客户身份识别（CRM）系统。此外，GLEIF 计划在重点国家和地区设立当地代表，开展 LEI 宣传推广工作。

4. 开展董事会人员换届

2021 年 5 月，GLEIF 六名董事任期到期，新董事于 2021 年 6 月正式上任。

（三）本地系统（LOU）

截至 2021 年底，全球共有 39 个本地系统通过 GLEIF 认可，共发放 203 万余个 LEI，同比增长 14.7%。

截至 2021 年底，LEI 发码量位居全球前列的国家分别是美国（25.4 万余个）、英国（16.8 万余个）、德国（16.4 万余个）、意大利（14.9 万余个）、西班牙（13.1 万余个）、荷兰（12.8 万余个）、法国（10.6 万余个）、丹麦（8 万余个）、印度（7.7 万余个）、瑞典（7.5 万余个）、中国境内（7.1 万余个）。全球主要国家（地区）LEI 持码机构数量分布情况具体见图 2-1。

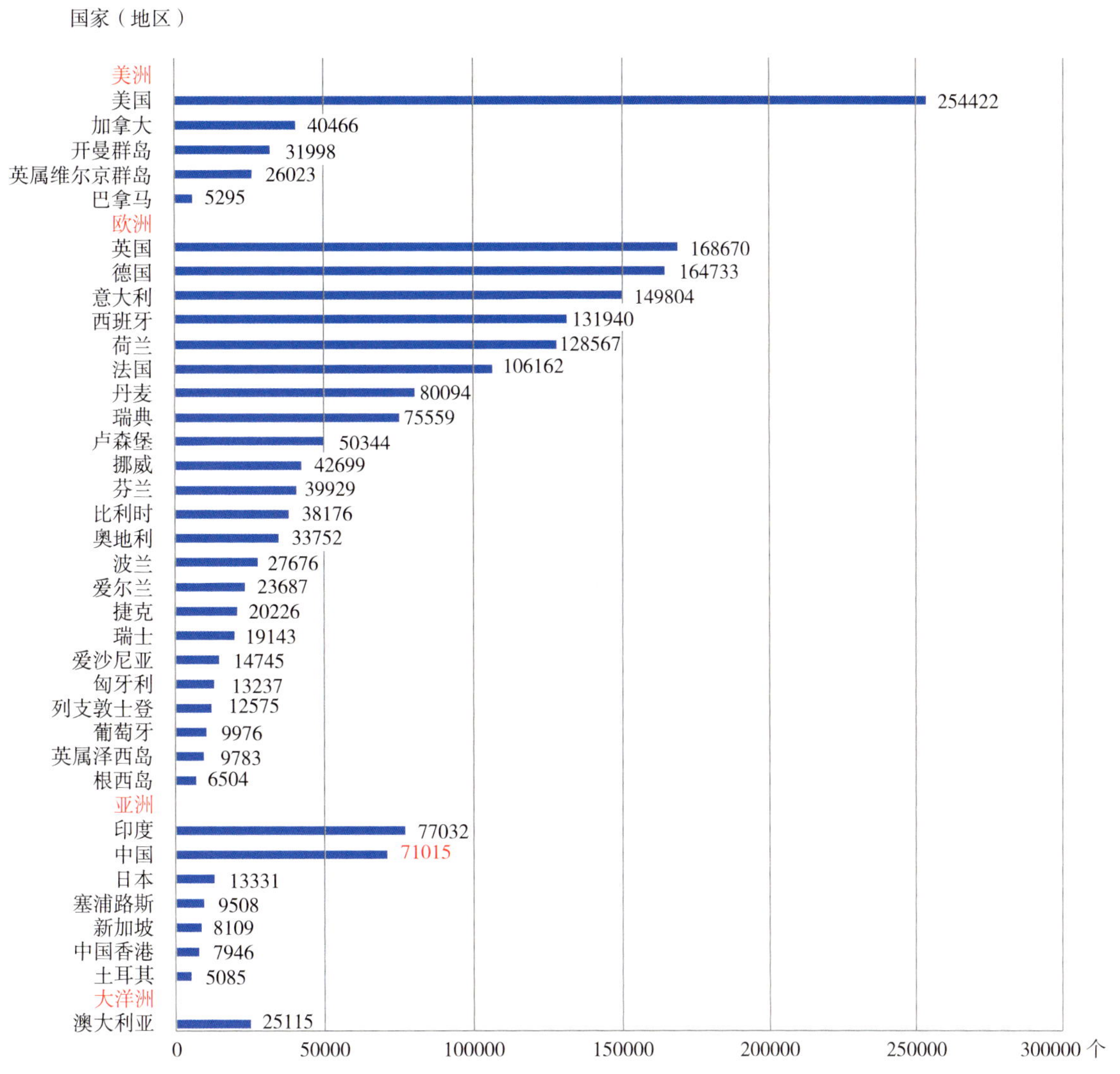

图 2-1　全球主要国家（地区）LEI 持码机构数量分布情况[①]

2021 年第四季度，LEI 发码量超过 8 万个，每周日均发码量见图 2-2，增长主要来自欧洲、中国和印度。

① 数据来自全球 LEI 基金会官方网站，由于篇幅限制只显示编码 5000 个以上的国家和地区。

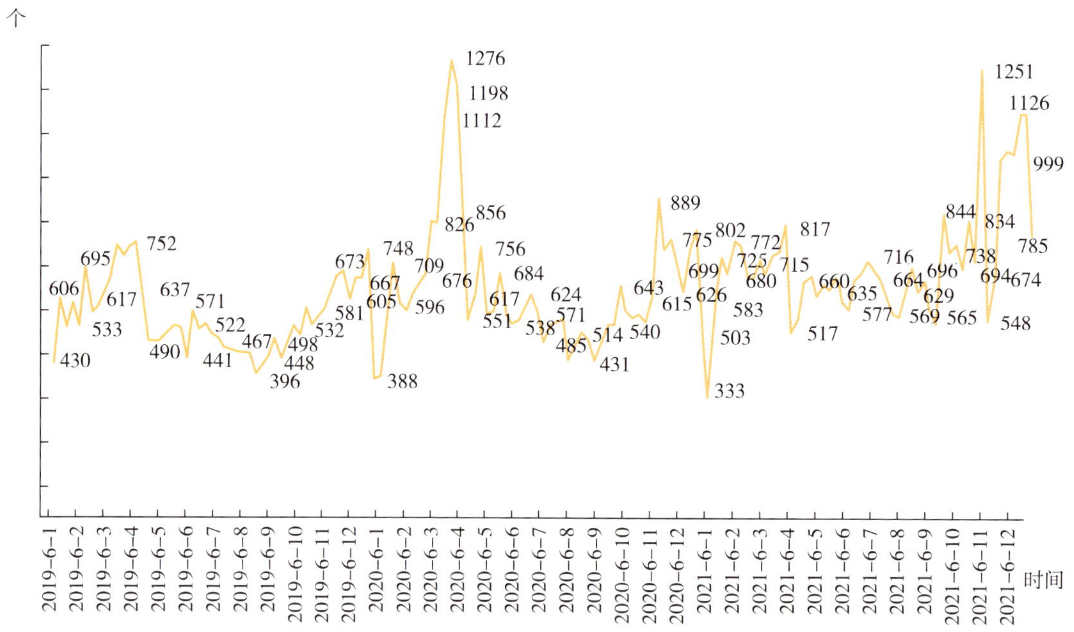

图 2-2　2019—2021 年每周日均发码量

2021 年第四季度，LEI 增长量最多的五个国家和地区见图 2-3，其中我国 LEI 编码增长率位列全球第一，较排名第二的爱沙尼亚高 13.6 个百分点。

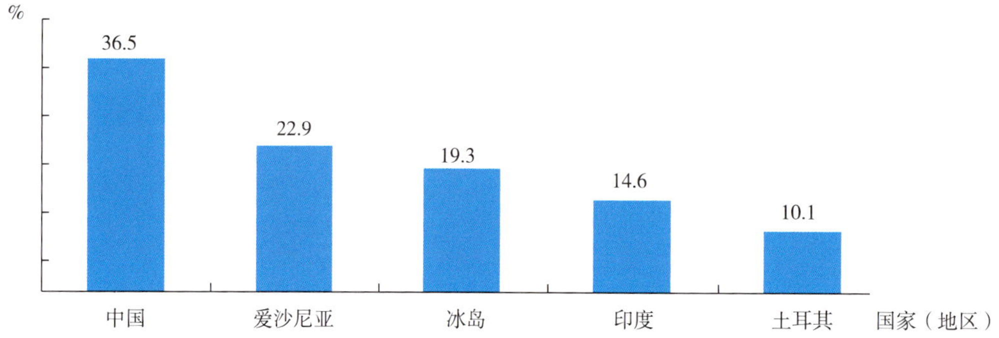

图 2-3　2021 年第四季度 LEI 增长量前五名的国家（地区）

2021 年第四季度，LEI 增长率前五名的本地系统分别为中国本地系统北京国家金融标准化研究院（NIFS），芬兰本地系统 Ubisecure，匈牙利本地系统 KELER，土耳其本地系统 Takasbank，罗马尼亚本地系统 Depozitarul Center，见图 2-4。

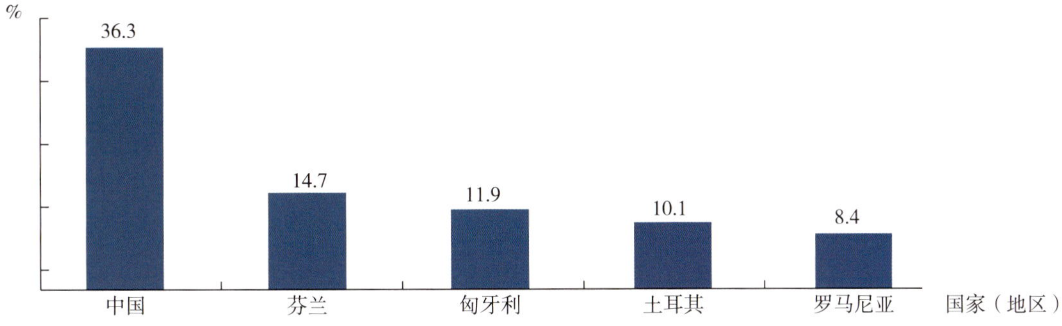

图 2-4 2021 年第四季度 LEI 增长率前五名的本地系统

年检率方面，2021 年第四季度，全球 LEI 年检率最高的五个本地系统见图 2-5，其中我国本地系统 LEI 年检率为 89.3%，位居全球第二。

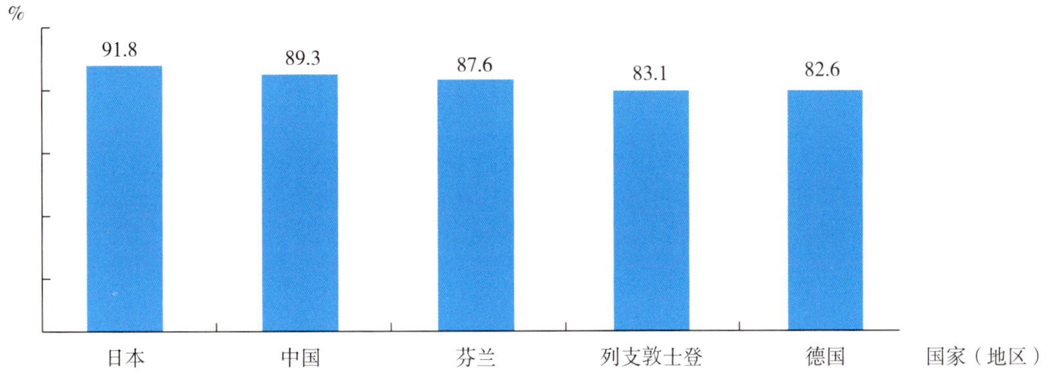

图 2-5 2021 年第四季度 LEI 季度年检率排名

第二节 参与国际标准化工作情况

一、参与 ISO/TC68 工作情况

2021 年，金标委不断完善金融国际标准化跟踪研究对口机制，组织国内相关机构积极参与国际标准制修订，持续提升金融国际标准化参与度，强化金融国际标准化人才队伍。截至 2021 年底，共推荐我国专家 138 人（次）加入可持续金融咨询、数字货币咨询、数字钱包识别研究等 34 个 ISO 工作组（如表 2-2 蓝色标注所示）。

表 2-2　ISO/TC68 及其分委会组织架构及国内参与情况

<table>
<tr><td rowspan="7">ISO/TC68 金融服务技术委员会</td><td colspan="2">TAG1-金融科技技术咨询组（人民银行科技司，外汇交易中心，人民银行数字货币研究所，中国互联网金融协会，跨境清算公司，重庆国金认证中心）</td></tr>
<tr><td colspan="2">AG3-金融服务标准最佳实践咨询组（人民银行重庆营管部，外汇交易中心，跨境清算公司，中国银行业协会，北京国家金融标准化研究院）</td></tr>
<tr><td colspan="2">AG4-可持续金融咨询组（建设银行，北京国金认证中心）</td></tr>
<tr><td colspan="2">AG5-数字货币咨询组（人民银行清算总中心、数字货币研究所，中钞信用卡产业发展有限公司，蚂蚁集团）</td></tr>
<tr><td colspan="2">CAG-战略领导小组</td></tr>
<tr><td colspan="2">AG2-标准咨询组</td></tr>
<tr><td colspan="2">SG4-外联宣传组</td></tr>
<tr><td rowspan="15">ISO/TC68 分委会</td><td rowspan="8">ISO 20022 注册管理组（RMG）（外汇交易中心，跨境清算公司）</td><td>ISO 20022 贸易服务类标准评估组</td></tr>
<tr><td>ISO 20022 业务模型支持组（外汇交易中心，跨境清算公司）</td></tr>
<tr><td>ISO 20022 外汇类标准评估组（外汇交易中心，跨境清算公司）</td></tr>
<tr><td>ISO 20022 卡及相关零售金融服务类标准评估组（工商银行）</td></tr>
<tr><td>ISO 20022 金融衍生品子标准评估组（外汇交易中心，工商银行、农业银行）</td></tr>
<tr><td>ISO 20022 支付类标准评估组（农信银资金清算中心，北京国家金融标准化研究院）</td></tr>
<tr><td>ISO 20022 实时支付特别工作组（人民银行支付司、清算总中心，跨境清算公司，成方金融科技有限公司）</td></tr>
<tr><td>ISO 20022 技术支持组（外汇交易中心）</td></tr>
<tr><td rowspan="7">SC2 安全分技术委员会</td><td>WG8-金融服务业公钥基础设施管理工作组（人民银行数字货币研究所，建设银行、交通银行，中金金融认证中心）</td></tr>
<tr><td>WG11-银行业务中的加密算法工作组（人民银行太原中支，交通银行，北京国家金融标准化研究院，中金金融认证中心）</td></tr>
<tr><td>WG13-零售银行业务中的安全工作组（中国银联，交通银行，北京国家金融标准化研究院，中金金融认证中心）</td></tr>
<tr><td>WG16-第三方服务供应商的相关安全工作组（网联清算公司，中国银行业协会，蚂蚁集团，腾讯公司）</td></tr>
<tr><td>WG17-数字货币的安全方面工作组（人民银行货币金银局、数字货币研究所，中国印钞造币集团有限公司，北京国金认证中心）</td></tr>
<tr><td>WG18-客户身份鉴别技术工作组（人民银行清算总中心，中国银联，网联清算公司，蚂蚁集团，腾讯公司，北京国家金融标准化研究院，中金金融认证中心）</td></tr>
<tr><td>WG19-条码支付安全工作组（人民银行清算总中心，支付清算协会，中国银联，网联清算公司，交通银行，蚂蚁集团，腾讯公司，北京国家金融标准化研究院）</td></tr>
</table>

续表

ISO/TC68 分委会	SC8 参考数据分技术委员会	CAG-主席顾问组（中国银行业协会）
		ISO 10962/MA-《证券及相关金融工具　金融工具分类（CFI 码）》标准维护机构（中国期货市场监控中心）
		ISO 4217/MA-《表示货币的代码》标准维护机（外汇交易中心）
		ISO 20275/MA-《机构法律形式（ELF）》标准维护机构（农业银行）
		SG5-数字钱包识别研究组（人民银行数字货币研究所，中国银联，网联清算公司，蚂蚁集团）
		WG2-银行产品服务描述工作组（中国银行业协会，农业银行，北京国金认证中心）
		WG3-数字令牌标识符工作组（人民银行太原中支，中国印钞造币集团有限公司，农业银行）
		WG7-自然人识别编码工作组（人民银行数字货币研究所，中国银行业协会，农业银行，北京国家金融标准化研究院）
		WG9-官方组织角色工作组（跨境清算公司，北京国家金融标准化研究院，中金金融认证中心）
		WG10-FISN 标准复审组（中证信息技术服务有限责任公司）
	SC9 信息交换分技术委员会	AG1-ISO 20022 注册机构（RA）监管组（外汇交易中心，跨境清算公司）
		TG1-卡标准技术组（人民银行科技司，中国银联，北京国家金融标准化研究院）
		WG1-ISO 20022 语义模型工作组（人民银行重庆营管部，外汇交易中心，人民银行清算总中心）
		WG3-ISO 8583 与 ISO 18245 标准修订工作组（外汇交易中心，中国银联，网联清算公司，工商银行，农业银行，蚂蚁集团）
		SG1-ISO 20022 标准复审意见研究组（外汇交易中心，人民银行清算总中心，支付清算协会，网联清算公司，跨境清算公司，上海证券交易所）

金标委积极组织国内相关单位参与国际标准工作组并取得较好成效，主要情况如下。

（一）ISO 20022 注册管理组（ISO 20022 RMG）

2021 年 9 月，ISO 20022 RMG 召开线上年会，参会人员包括 RMG 各成员国和联络机构代表以及 RMG 下设各工作组召集人或代表。会议批准了 ISO 20022 RMG 领导层调整方案及其工作职责，将组建实践设计临时工作组，负责统筹商业实践、市场标准以及治理要求。我国专家汇报了中国金融业通用报文库最新进展，并提出将中国外汇、票据、黄金、债券、清算等领域关键报文纳入 ISO 20022 报文库的建议，会议通过了上述提议，并计划将我国应用情况作为 ISO 20022 本地化应用的最佳实践。截至 2021 年底，ISO 20022 RMG 下设的 5 个 SEG 共开发报文 726 条，较 2020 年新增 40 条。

（二）数字货币咨询组（ISO/TC68/AG5）

2021 年 3 月，ISO/TC68 工作会议决议正式注册数字货币顾问组（AG5），统筹数字货币领域标准化方面的工作。该顾问组由新加坡专家担任召集人，人民银行数字货币研究所、清算总中心等单位派专家参与工作。经与工作组召集人协商，由我国专家编写数字货币研究报告中数字人民币部分。

（三）零售银行业务中的安全工作组（ISO/TC68/SC2/WG13）

SC2/WG13 负责编制 ISO/CD 19092《金融服务　生物识别　安全框架》、ISO/DIS 16609《金融服务　采用对称加密技术进行报文鉴别的要求》、ISO/CD 13491-2《金融服务　安全加密设备（零售）第 2 部分：金融交易中设备安全符合性检测清单》、ISO/DIS 11568《金融服务　密钥管理（零售）一般原则，对称加密和非对称密码系统，密钥管理及生命周期》等多项安全类标准。

（四）第三方支付服务供应商的相关安全工作组（ISO/TC68/SC2/WG16）

SC2/WG16 负责编制 ISO 23195：2021《第三方支付服务信息系统的安全目的》国际标准，我国专家担任项目负责人，农业银行专家担任召集人秘书和主笔起草人。2021 年 6 月，该项国际标准正式发布。2021 年 10 月，ISO/TC68/SC2 工作会议听取我国专家关于《第三方支付服务信息系统安全框架指南》新工作项目草案情况的汇报。该项目由法国专家担任召集人，我国网联清算公司专家主笔。截至 2021 年底，该项目处于立项阶段。

（五）客户身份鉴别技术工作组（ISO/TC68/SC2/WG18）

SC2/WG18 负责编制 ISO/DIS 5158《移动金融服务　客户身份鉴别指南》，我国蚂蚁集团专家担任召集人；2021 年 10 月，ISO/TC68/SC2 工作会议听取蚂蚁集团代表关于标准编制进展及后续工作计划的汇报；12 月，该标准注册成为国际标准草案。

（六）条码支付安全工作组（ISO/TC68/SC2/WG19）

SC2/WG19 负责编制 ISO/WD 5201《金融服务　条码支付安全》，我国蚂蚁集团专家担任召集人；2021 年 10 月，ISO/TC68/SC2 工作会议听取蚂蚁集团代表关于标准编制进展及后续工作计划的汇报；12 月，该标准启动工作组草案编制。

（七）银行产品服务描述标准工作组（ISO/TC68/SC8/WG2）

SC8/WG2 负责编制 ISO/AWI TR 6083《银行产品服务手册描述指南》，我国专家担任召集人。2021 年 10 月，ISO/TC68/SC8 工作会议听取我国专家关于标准制定进展及后续计划。该技术报告旨在统一和规范机构员工向客户提供的银行产品服务，尤其是为发展中和欠发达地区的中小型机构提供银行产品服务内部手册指南。

（八）数字令牌标识符工作组（ISO/TC68/SC8/WG3）

SC8/WG3 负责编制 ISO 24165-1：2021《数字令牌标识符（DTI）注册、分配和结构　第一部分：注册和分配方法》和 ISO 24165-2：2021《数字令牌标识符（DTI）注册、分配和结构　第二部分：用于注册的数据要素》。2021 年 9 月，两项国际标准正式发布。

（九）自然人识别码工作组（ISO/TC68/SC8/WG7）

SC8/WG7 负责编制 ISO 24366：2021《金融服务　自然人识别码》国际标准。2021 年 10 月，该项国际标准正式发布。ISO 24366：2021 包含了自然人识别码（NPI）的术语与定义、识别码结构、所包含数据项等内容。工作组计划将该标准作为系列标准，并起草了 ISO/NP 24377《金融服务　自然人识别码　鉴别、分配及识别》新工作项目提案框架，涉及如何发码以及注册管理等内容。截至 2021 年底，ISO/NP 24377 正在立项投票。

（十）官方组织角色工作组（ISO/TC68/SC8/WG9）

SC8/WG9 负责编制 ISO 5009《金融服务　官方组织角色　官方组织角色方案》，旨在结合 LEI 编码促进数字身份管理工作，用于在相关使用场景中表明代表组织机构或法人实体的工作人员的身份。

（十一）卡标准技术组（ISO/TC68/SC9/TG1）

SC9/TG1 负责起草 ISO 8583 及 ISO 18245 标准维护机构（MA）指南，主要用于维护标准中所涉及的报文、数据元素、代码值及涉及的商户类别代码，描述了不同利益相关者在其注册、发布及维护时的核心角色和职责等。

（十二）ISO 20022 标准复审意见研究组（ISO/TC68/SC9/SG1）

SC9/SG1 负责研究 ISO 20022：2013《金融服务　金融业通用报文方案》系列国际标准复审意见，我国跨境清算公司专家担任负责人。2021 年 10 月，召集人在 ISO/TC68/SC9

工作会议上汇报了 ISO 20022 标准修订相关的商业价值和影响的分析报告。会议决定出版该报告，并将成立 ISO 20022 标准复审工作组，开展标准修订工作。

二、参与 ISO/TC322 工作情况

作为 ISO/TC322 参与成员，我国积极分享绿色金融发展与标准制定的理念和实践，与各成员国协同构建可持续金融国际标准体系。我国专家担任主席顾问组（CAG）副主席和联合秘书、术语工作组（WG2）召集人、绿色金融联合工作组（TC207/TC322/JWG1）召集人等重要职务，参与可持续金融框架工作组（WG1）、可持续金融科技技术咨询组（TAG1）等，成为 ISO 可持续金融标准体系建设的重要推动者。

2021 年 8 月，由我国专家提出和召集制定的 ISO/TR 32220：2021《可持续金融　基本概念和关键倡议》正式发布，该标准是 ISO/TC322 发布的首项国际标准，标志着我国参与 ISO 可持续金融国际标准化工作实现重要突破。该标准由来自英国、法国、德国、日本、韩国、印度等 16 个国家及国际组织的专家共同参与制定，明确了全球普遍认可和使用的可持续金融基本概念和关键倡议，推动建立一个跨地区、跨行业的术语规范，为全球合作推动可持续金融发展建立良好的对话基础。ISO 官方对 ISO/TR 32220 的发布做了专题报道《投资更美好的未来——可持续金融的新国际指南》，指出该标准是可持续金融领域第一个国际公认的术语定义集，将有助于在全球范围内加强可持续金融应用。

此外，为更好地统筹国内外绿色可持续金融标准化工作，构建国内统一、国际接轨的标准体系，国内有关政产学研机构共同派出专家组建 TC322 国内对口工作组，建立 ISO 可持续金融国际标准化协调推进工作机制，为持续深入参与相关国际标准制定提供专家支持与人才保障。

三、我国 LEI 应用实施情况

2021 年，落实《全球法人识别编码应用实施路线图（2020—2022 年）》任务部署，深入参与全球 LEI 体系各项工作，加快国内 LEI 赋码，推动制定 LEI 应用规则，探索 LEI 在跨境法人数字身份识别中的应用，开展跨境人民币支付领域金融数据交换标准应用试点，加快建设跨境法人信息服务和数字认证平台，增强本地系统的可持续发展能力。

（一）持续完善 LEI 实施体系

1. 加强 LEI 实施顶层设计

2021 年 8 月，人民银行联合国家发展改革委、财政部、银保监会、证监会、外汇局发布《关于推动公司信用类债券市场改革开放高质量发展的指导意见》，提出要建立 LEI 与金融机构编码、统一社会信用代码、债券市场基础设施相关信息系统代码的映射及更新机制，为推动 LEI 批量赋码提供了有力指导。

2. 推动应用规则制定

截至 2021 年底，全球共出台 128 项 LEI 公开应用规则，其中中国 12 项，占比为 10%。金融领域相关规则涉及银行间债券市场、自贸区账户、信用评级机构管理、证券开户、跨境衍生品交易、跨境收益凭证交易、对外资产统计、境外机构投资者境内证券期货投资等领域，有力促进 LEI 应用实施。

3. 深入参与国际数据标准治理

积极参与 ROC 组织架构调整、衍生品编码及数据要素、数据质量管理、关系数据收集、政府机构编码申请资格等相关政策研究、标准制定及实施。深度参与唯一交易识别码等国际衍生品编码标准的治理及实施，组织国内相关金融基础设施和行业协会开展唯一交易识别码、唯一产品识别码、关键数据要素等国际衍生品编码技术指引采标，研究推动做好相关技术准备工作，为交易报告库建设提供标准支撑。

（二）积极参与国际 LEI 业务发展

1. LEI 业务策略制定与实施

积极参与 GLEIF 各项工作，跟进全球 LEI 体系战略研究，结合我国 LEI 发展情况及目标，有针对性地就 GLEIF 相关政策制定提出相关举措建议，参与 GLEIF 全球验证代理模式、数据治理政策、LEI 数字化战略、亚洲代表处设立等一系列重要决策。鼓励我国机构深度参与 LEI 相关业务策略实施，跨境清算公司作为 GLEIF 董事单位参与业务决策，北京国家金融标准化研究院作为本地系统参与 LEI 业务开展，中金金融认证中心作为 GLEIF CA 群组成员和 GLEIF 全球验证代理参与 LEI 业务应用。

2. LEI 赋码方式创新

与 GLEIF 通力合作，通过鼓励我国本地系统、多家银行、金融电子认证企业加强 LEI 赋码方式的合作与创新，在中国率先探索和实践批量注册、代理注册、代理验证等创新性发码渠道和业务模式，得到 GLEIF 的高度认可。持续推动 LEI 赋码模式的便利化高效化创新，为国际社会探索 LEI 赋码体系创新升级提供有益的实践范本。积极举办本地应用业务研讨会，并邀请 GLEIF 全球商务经理、商业银行、金融科技企业等共同参与。

3. LEI 数字化应用创新

鼓励我国金融电子认证企业积极创新 LEI 数字化应用，探索数字经济时代 LEI 在跨境法人数字身份识别中的应用价值。2021 年 4 月，中金金融认证中心开展 LEI 与数字证书结合应用商业演示，得到 GLEIF 认可和推荐。LEI 结合数字证书的相关产品和服务已在跨境人民币领域和金融数据交换标准应用试点中应用。积极参与可验证 LEI（vLEI）治理架构设计，启动基于 LEI 数字身份认证平台的规划与建设，稳妥推动 vLEI 项目在我国落地，与 GLEIF 研讨 vLEI 在我国的试点计划。

4. LEI 应用场景建设

实现在跨境支付的信息传输场景、数字签名场景应用 LEI，促进金融信息交互和联通，推进不同地区电子印章互认，为建设更加安全高效的跨境支付生态系统贡献中国经验和智慧。

（三）大力提升本地系统能力建设

1. LEI 赋码及服务

我国本地系统与各金融基础设施、行业协会及人民银行分支机构等合作开展 LEI 赋码。截至 2021 年底，中国境内 LEI 持码机构达到 71015 家，较 2020 年增长 88.8%，增速全球第一，超额完成全年赋码目标。

2. LEI 运营支持

为夯实我国 LEI 运营管理基础，LEI 本地系统不断优化运营模式。一是及时更新升级系统，提高编码发放质量。二是做好与持码机构交流及服务工作，积极处理用户反馈，全面提升持码机构使用体验，保障 LEI 系统顺利运营。三是顺利完成中国本地系统迁移，自 2021 年 7 月起，中国本地系统运营主体由中国金融电子化公司[①]正式变更为北京国家金融标准化研究院有限责任公司（以下简称北京国家金融标准化研究院），并顺利完成 2020 年国际认证工作，开展 2021 年国际认证工作。

① 中国金融电子化公司于 2021 年 12 月 22 日更名为中国金融电子化集团有限公司。

3. LEI 应用推广

我国本地系统与相关单位通力合作，不断探索 LEI 应用推广模式，2021 年 LEI 应用推广成果显著。一是在跨境人民币支付领域开展金融数据交换标准应用试点，截至 2021 年底，跨境清算公司累计完成 425 家 CIPS 参与者和企业标准收发器安装，有 1000 家机构已签约待上线，签约用户总数 1400 余家，实现跨境人民币标准收发器境内用户 LEI 全覆盖，为提升跨境支付参与者识别提供更有力的标准支持。二是积极参加世界青年科学家峰会、金融展等会议及展览，与人民银行分支机构、跨境清算公司、中证报价公司等单位开展 LEI 应用合作，多渠道开展 LEI 科普宣传。三是积极维护和运营“中国 LEI 本地系统”微信公众号，每日发布有关 LEI 的国际动态。截至 2021 年底，“中国 LEI 本地系统”微信公众号共发布文章 346 篇，关注人数达 9243 人，较 2020 年底增长 109%。四是探索以 LEI、NPI、UPI、唯一交易识别码（UTI）、关键数据要素（CDE）等国际金融编码为基础的数字金融标准体系在中国的应用发展，组织编译并发布国际动态 850 余篇。

4. LEI 可持续运营

在金标委指导下，北京国家金融标化研究院组织完成跨境法人信息服务平台原型系统开发，初步具备了对外服务能力，可提供全球 LEI 信息查询、全球法人信息查询、编码映射查询、定制化数据服务、定制化报告等服务功能，进一步健全批量赋码、代理注册、代理验证协同发展的新型赋码模式。截至 2021 年底，LEI 本地系统有外汇交易中心、跨境清算公司等 4 家注册代理试点机构，以及中金金融认证中心等 9 家验证代理试点机构。

第三节　金融标准化国际交流

一、ISO/TC68 会议参与情况

2021 年 9 月 27 日至 10 月 5 日，ISO/TC68 通过远程方式召开 2021 年工作会议，金标委组织国内相关人员参会。

会议期间，我国参会代表汇报了《银行产品服务手册描述指南》《移动金融服务　客户身份鉴别指南》《金融服务　条码支付安全》等国际标准进展，会议推动了《银行服务　个人识别码的管理与安全　第5部分：PIN及其关联数据的生成、变更和验证方法》《金融服务　密码算法及其使用的建议》《金融服务　安全加密设备（零售）》《金融服务　自然人识别码》《金融服务　金融信息交换会话层》等国际标准制定。同时，会议决议组建ISO 20022标准复审工作组，开展ISO 20022系列标准修订工作。根据会议情况，进一步明确我国参与ISO/TC68工作的重点方向。

（一）扎实推进我国牵头和主笔的国际标准研制

做好由我国专家召集制定的《金融服务　条码支付安全》《移动金融服务　客户身份鉴别技术》《金融服务中参考数据分发技术规范》《银行产品服务手册描述指南》4项国际标准编制。推进由我国专家主笔制定的《金融服务　金融信息交换会话层》国际标准发布。加快由我国提出的《第三方支付服务信息系统安全框架指南》国际标准提案立项。

（二）积极探索数字领域国际标准化工作

ISO/TC68工作会议结束后，ISO/TC68/SC8的半数工作组已完成项目并解散，ISO/TC68正在积极探索新的数据领域标准研制方向，并成立数字钱包识别研究组。后续将充分调动国内相关力量，积极参与数字钱包等新领域工作，在国际金融数据标准化治理中发挥建设性作用，为金融数字化转型标准研究作出积极贡献。

（三）完善金融标准国际化工作机制

一是完善工作机制，进一步夯实金标委秘书处安全、参考数据、信息交换三个专家组，广泛吸纳产学研各界专家力量，通过专题研讨、定向跟踪、沙龙会议等多种形式开展重点领域国内外金融标准研究交流。二是健全对外沟通渠道，加强与国际标准化组织、其他国家标准化机构、区域性标准化机构的沟通交流，进一步扩大金融国际标准化“朋友圈”，推动国内外标准化工作相互促进。

二、ISO/TC322会议参与情况

2021年10月21日，ISO/TC322第四次全体会议以网络会议形式召开，TC322秘书处、主席顾问组（CAG）、各工作组及联络组织对相关工作进展进行报告，共同讨论明确

下一步工作计划并形成会议决议。来自中国、英国、法国、瑞士、葡萄牙、俄罗斯、加拿大、日本等二十余个国家及国际组织的代表参会，清华大学、中国标准化研究院、北京绿色金融与可持续发展研究院等单位专家参会。

在本次会议上，我国专家分享了由人民银行担任联合主席的G20可持续金融工作组有关工作进展，并就制定可持续金融分类目录、加强与可持续金融国际平台（IPSF）和央行与监管机构绿色金融网络（NGFS）合作等事项提出下一步工作建议，得到TC322主席和各国专家的高度认可。会议决定，将术语专家组（AHG1）升级为术语工作组（WG2），任命我国专家为召集人，WG2负责持续跟踪和更新ISO/TR 32220，并为ISO可持续金融术语相关工作提供长期支持。

三、"一带一路"交流合作情况

为共建"一带一路"金融标准化合作网络，加强规则对接和标准联通，国内相关机构积极与"一带一路"沿线国家和地区开展金融标准宣传、解读、咨询等双边交流，取得积极进展和成效，为发展互利共赢的金融标准化合作伙伴关系、服务"一带一路"金融合作高质量发展提供标准支撑。

（一）积极开展金融标准外文版编制

2021年12月31日，《银行营业网点基本要求》（GB/T 32320—2015）和《银行营业网点服务评价准则》（GB/T 32318—2015）两项金融国家标准的英文版、缅甸语版、老挝语版正式发布，这是我国首次发布金融领域国家标准外文版，对于与境外金融机构开展"点对点"标准合作具有重要意义。同时，上述两项国家标准葡萄牙语版、柬埔寨语版、越南语版正在立项过程中。

（二）积极支持区域金融标准制定

2021年5月28日，"一带一路"金融合作论坛期间，亚洲金融合作协会正式发布《银行营业网点服务指南》（AFCA-BRFC std 001-2021）区域标准。该标准参考了我国银行营业网点服务国家标准，结合"一带一路"沿线国家和地区经济发展程度不同的相关区域银行营业网点实践经验，考虑了"一带一路"沿线相关区域法律和监管要求、文化和习俗差异等实际情况，经过哈萨克斯坦、泰国、缅甸、老挝、越南、新加坡、日本等二十个国家和地区的成员及相关金融机构多轮审议最终通过并发布，具有较高的科学性和普适性，为“一带一路”相关地区银行网点服务提供原则参考和技术指南。

（三）持续开展金融标准化沟通交流

人民银行营业管理部联合中国驻俄罗斯大使馆经济商务处、俄罗斯中国总商会举办“中俄经贸合作跨境人民币业务培训会”，采用线上线下相结合的方式为在俄中资企业宣讲跨境人民币政策，开展金融标准化交流，并邀请跨境清算公司相关负责人对人民币国际化基础设施及标准收发器产品进行宣传介绍，100余家企业和机构参会，有力促进跨境支付相关标准宣传应用（见图2-6）。

图2-6　中俄经贸合作跨境人民币业务培训会

人民银行哈尔滨中支指导哈尔滨银行积极向15家开办跨境人民币业务的俄罗斯银行宣传推广《不宜流通人民币　纸币》行业标准，将标准相关内容制作成俄文宣传材料，并多渠道向俄方银行介绍标准内容（见图2-7）。

人民银行南宁中支与柬埔寨国家银行代表团举行线上会谈，向柬方介绍我国金融标准化工作机制和金融体系建设总体情况，并就建立中柬金融标准长效交流机制提出具体建议。柬方高度认可我国在金融标准化工作方面取得的积极成效，双方建立联络员机制，并定期开展双方金融标准清单及重点方向等信息交流，促进双方相互了解金融标准发展情况（见图2-8）。

图 2-7　哈尔滨银行面向俄方金融机构讲解金融标准

图 2-8　人民银行南宁中支与柬埔寨国家银行进行线上会谈

人民银行昆明中支制作中缅、中老双语版"一图读懂《银行营业网点服务基本要求》"宣传折页，并在与缅甸、老挝银行的交流座谈会上逐条说明解释。缅甸经济银行木姐分行行长吴塞索耐对中国银行营业网点标准化建设成功经验十分认同，表示希望能够在此领域开展交流合作，并将向缅甸木姐地区银行进行推广（见图 2-9）。

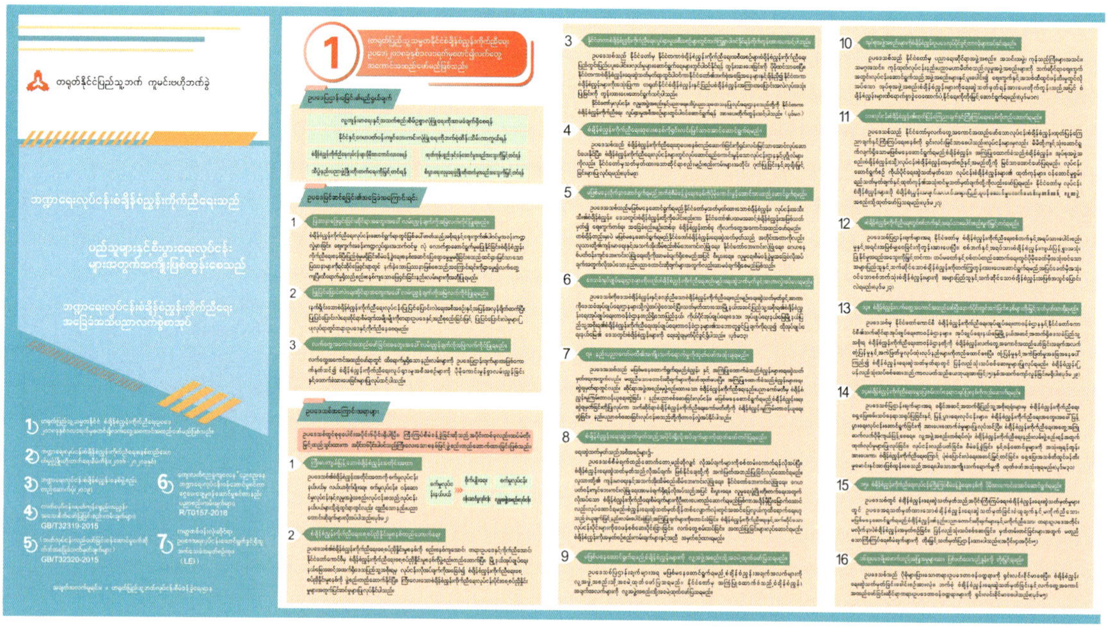

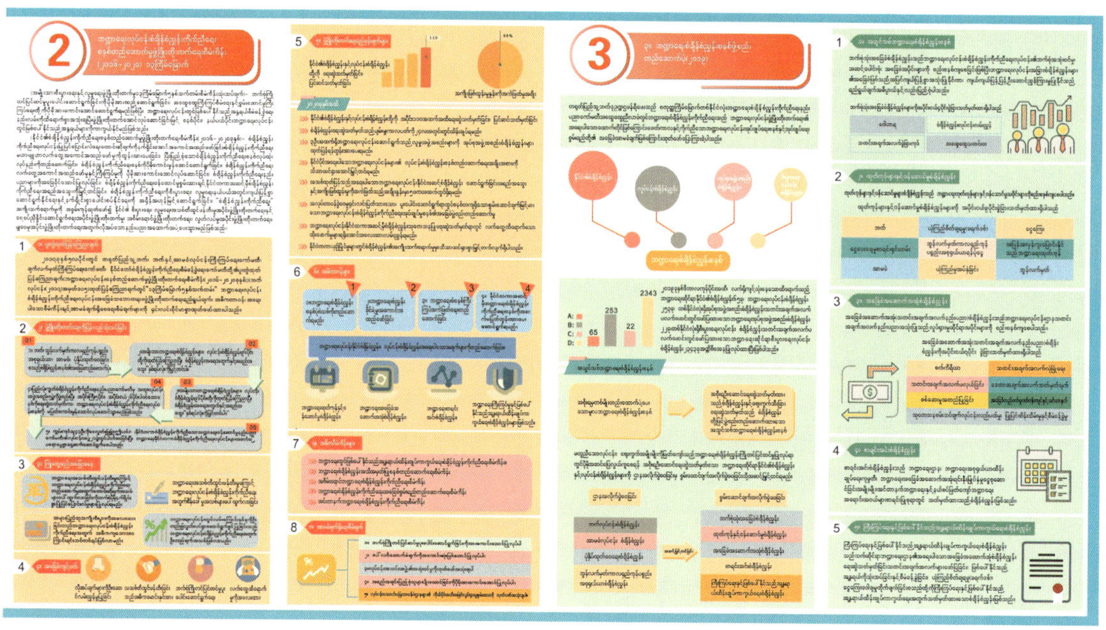

图 2-9　缅语《银行营业网点服务基本要求》标准解读

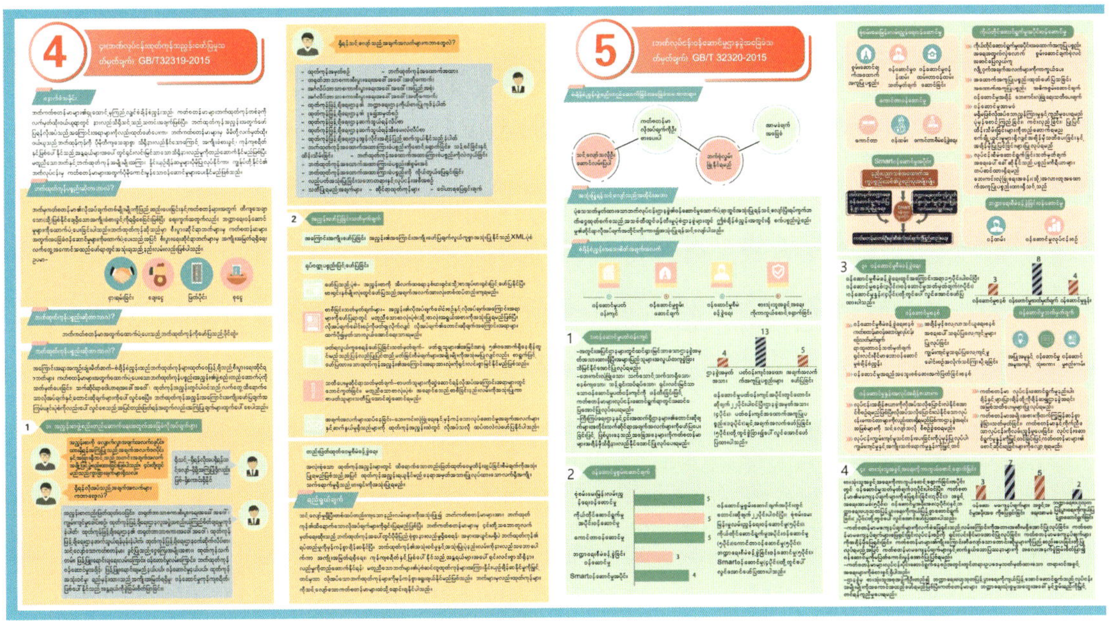

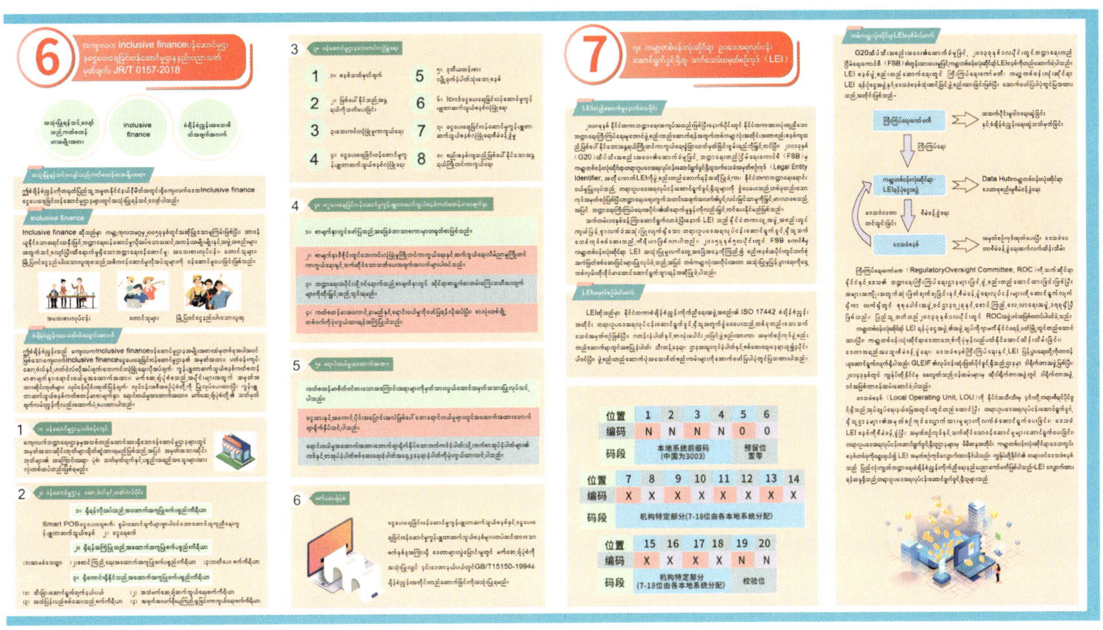

图 2–9　缅语《银行营业网点服务基本要求》标准解读（续）

人民银行乌鲁木齐中支梳理总结近 4 年与哈萨克斯坦金融标准交流成果，健全完善金融标准与“一带一路”专题宣传材料，借助人民银行霍尔果斯口岸支行区位优势，依托我国在哈萨克斯坦部分商业银行分支机构，向哈方 5 家商业银行宣传我国金融标准国际化工作成效以及近 3 年双边交流成果，覆盖人群达 200 余人，保持与“一带一路”沿线国家金融标准交流的畅通渠道。

国家开发银行四川分行积极向巴基斯坦财政部宣介中国银行间市场交易商协会制定的信息披露规则及信用评级标准，就中国境内发债时依据中国信用评级标准、引入中国本土评级公司开展信用评级达成共识，并成功中标巴基斯坦财政部注册发行熊猫债券事宜的牵头主承销商，有效扩大中国债券市场以及信用评级标准在“一带一路”沿线国家中的影响力，提升中国信用评级标准在国内外的认可度，推动金融标准助力国际合作高效开展（见图 2-10）。

图 2-10　国家开发银行四川分行与巴基斯坦驻华大使座谈

第三章

金融国际标准、国家标准和行业标准应用

- 《第三方支付服务信息系统的安全目的》国际标准应用
- 《可持续金融　基本概念和关键倡议》国际标准应用
- 《人民币现金机具鉴别能力技术规范》国家标准发布
- 《金融服务　金融业通用报文方案》国家标准应用
- 《资产管理产品介绍要素》（共3部分）行业标准应用
- 《金融机构环境信息披露指南》行业标准应用
- 《环境权益融资工具》行业标准应用
- 《金融业数据能力建设指引》行业标准应用

第一节　《第三方支付服务信息系统的安全目的》国际标准应用

2021 年 6 月，国际标准化组织（ISO）正式发布《第三方支付服务信息系统的安全目的》（ISO 23195：2021）国际标准。该标准的发布，展现了我国在第三方支付服务技术方面的成果积累，有利于提高网络支付和支付数据的安全性，营造更加安全可信的国际支付环境，我国金融标准国际化工作取得新进展。

一、编制背景

目前，第三方支付已经成为一种十分常见的支付方式，而支撑第三方支付运行的信息系统安全则成为保障第三方支付安全的重要方面。《信息技术　安全技术　信息技术安全评估准则　第 1 部分：简介和一般模型》（GB/T 18336.1—2015）提供了信息系统安全方案的通用评估方法论，其中针对一类信息系统制定保护轮廓，从需要保护的资产入手，分析面临的威胁，明确依赖的假设，提出应采取的组织安全策略，据此确定信息系统需要实现的安全目的和支撑信息系统运行的环境应提供的安全目的。

我国自《计算机信息系统　安全保护等级划分准则》（GB 17859—1999）明确提出等级保护的准则以来，围绕该准则制定了一系列等级保护安全标准。同时，在《信息技术　安全技术　信息安全管理体系要求》（GB/T 22080—2016）和《信息技术　安全技术　信息安全控制实践指南》（GB/T 22081—2016）中对信息系统安全提出了若干要求。《信息技术　安全技术　信息技术安全评估准则　第 2 部分：安全功能组件》（GB/T 18336.2—2015）和《信息技术　安全技术　信息技术安全评估准则　第 3 部分：安全保障组件》（GB/T 18336.3—2015）分别给出了为满足信息系统安全功能要求和信息系统运行环境安全保障要求所需提供的可选组件。

二、主要内容

该标准主要内容包括：标准范围、规范性引用文件、理解本标准所需的术语、符号和缩略语、评估对象（TOE）的界定、受保护的资产、安全问题定义和安全目的要素。

该标准通过对第三方支付框架逻辑模型的分析，明晰了需要保护的资产，分析了面临的威胁，明确了依赖的假设，提出了应采取的组织安全策略，给出了信息系统需要实现的典型安全目的和支撑信息系统运行的环境应提供的典型安全目的，以作为第三方支付信息系统建设、引入、应用、运维时对安全方面考虑的依据。

三、标准意义与价值

该标准以《信息技术　安全技术　信息技术安全评估准则》（GB/T 18336—2015）系列国家标准为理论基础，将我国网联技术方案作为重要案例，对需要保护的资产、资产面临的威胁及组织安全策略等方面进行了详细分析，确定了支持第三方支付服务信息系统的安全目的，以作为制订第三方支付服务安全技术方案为出发点和落脚点，为建设开放银行提供参考，同时也兼顾了在全球使用的直连模式，具有广泛的适用性。

该标准的发布实施，有利于加强和保障第三方支付服务信息系统的安全，营造更加安全可信的支付环境。同时，该标准的发布也展现了我国在第三方支付服务技术方面的成果积累。

第二节　《可持续金融　基本概念和关键倡议》国际标准应用

2021 年 8 月，国际标准化组织（ISO）正式发布《可持续金融　基本概念和关键倡议》（ISO/TR 32220：2021）国际标准。该标准是 ISO 可持续金融技术委员会（ISO/TC322）发布的首项国际标准，由中国专家召集制定，是中国为推动可持续/绿色金融标准国际趋同作出的实质性贡献，说明中国专家具备积极参与国际金融治理和标准化市场最佳实践的实力。

一、编制背景

2018 年 9 月，经 ISO 全体成员和技术管理局（ISO/TMB）投票，ISO 批准成立可持续金融技术委员会（ISO/TC322）。截至 2021 年 12 月，ISO/TC322 已有 25 个参与成员（P 成员）和 17 个观察成员（O 成员），遍布亚洲、北美洲、欧洲、大洋洲、南美洲和北非地区，涵盖了全球引领可持续金融和绿色金融发展的主要经济体。ISO/TC322 由英国承担秘书处工作，由中国承担主席顾问小组秘书工作。

随着全球可持续/绿色金融自愿性原则、倡议、指引、框架、技术规范等标准和类标准文件的涌现，越来越多的金融监管机构和市场参与机构认识到建立通用的可持续金融管理框架和术语规范的迫切性和重要性，这将有助于全球可持续金融市场的互联互通和引导各类金融机构合作发展可持续/绿色金融业务。因此 ISO/TC322 聚焦金融机构开展可持续金融业务的标准化需求，在成立初期重点开展可持续金融术语和定义、管理框架和要求、实施指南、产品标识和认证等重要标准的制定工作。2019 年 3 月，ISO/TC322 在伦敦召开首次全体会议，并接受中国专家的提议，决定设立术语特别专家组。我国专家担任可持续金融术语标准召集人，在人民银行的指导下，在中国标准化研究院的支持下开展工作。

二、主要内容

该标准由中方召集人主笔，中国标准化研究院、深圳排放权交易所等单位专家积极支持，会同来自英国、法国、德国、日本、韩国、印度等 16 个国家和国际组织的专家共同完成。专家们广泛审阅了自 2008 年以来由联合国、各国政府、多边金融机构、资本市场自律组织发布的相关文件，并建立四条基本概念的收录原则：一是被金融市场广泛接受和使用；二是源自跨国组织或者国家金融监管部门；三是可用于其他相关国际标准；四是具备国际流行度和关注度。此外，中方召集人创建性地提出了按照可持续金融体系的框架要素来归类和罗列收录的基本术语，并且增加对金融术语来源和使用背景的细节描述，提供收录术语名词的来源和机构信息，极大地增强了 ISO/TR 32220 的可读性和可用性。标准文件的使用者可以根据自己的需要，从基本概念，原则、指引和法规，金融产品和服务，认证、报告和披露，国际倡议和组织等五个章节中摘录和自己密切相关的内容，定制适用于监管机构、金融机构、中介机构、多边组织、融资主体等可持续金融市场利益相关方的工作手册。ISO/TR 32220 的编制思路体现了面向市场、开放包容和共商共建的精神。

三、标准意义与价值

ISO/TR 32220 明确了全球普遍认可和使用的可持续金融概念和关键倡议，推动建立一个跨地区、跨行业的金融术语规范，有助于金融监管部门、金融机构、投资方、实体经济部门、国际倡议组织和学术机构等各相关方对可持续金融相关重要议题更好地达成共识、相互理解，为全球合作推动可持续金融发展建立了良好的对话基础。该标准具有专业性和权威性，自正式发布以来得到了普遍关注，被全球相关媒体广泛传播。2021 年 11 月，根据 ISO/TC 322 第五次全体会议形成的书面决议，批准任命中方召集人进入第二任期，接续 2019 年以来的工作，并进一步追踪和了解全球可持续金融最新发展动态，更新 ISO/TR 32220 文件和参与协调其他 ISO 可持续相关技术委员会的工作。中国在可持续金融标准化和全球治理领域的话语权得到进一步提升。未来，中方召集人将与国际、国内相关领域专家共同努力，将术语覆盖的内容延伸到逐步发展的科技、转型、普惠、创投等与可持续金融密切相关的子领域，为后续全面深入参与国际金融标准治理开辟新路径。

第三节　《人民币现金机具鉴别能力技术规范》国家标准发布

2021 年 7 月 20 日，《人民币现金机具鉴别能力技术规范》（GB 40560—2021）国家标准正式发布，并将于 2023 年 8 月 1 日起正式实施。该标准实现了金融领域强制性国家标准零的突破，对于完善我国金融风险防控体系，进一步提升我国金融治理能力现代化水平，保障人民群众的财产安全具有重要意义。

一、编制背景

人民币现金机具是在人民币流通环节中，发挥假币阻截功能的关键金融基础设施，事关国家经济安全与公众切身利益。随着经济活动日益频繁，全社会对现金机具的需求持续上涨。目前，我国现金机具总体规模在千万台以上且种类繁多。与此同时，现金机具市场产品鉴别能力参差不齐，因机具未能准确识别假币导致持币人权益受损的事件时有发生。为此，人民银行根据《人民币管理条例》相关要求，结合国务院“推动构建以标准引领、企业履责、政府监管为基础的管理体系，提升金融治理能力现代化水平”的要求，积极推进制定人民币现金机具强制性国家标准。该标准于2018年立项编制，历时近3年，经多家参编机构多次研讨审议，于2021年7月20日发布，将于2023年8月1日起实施。

二、主要内容

该标准规定了人民币现金机具鉴别能力的技术要求和检测方法。标准根据检测对象和使用环境对现金机具进行了分类，适用于所有具有人民币真伪鉴别功能的现金机具，包括纸币鉴别机具和硬币鉴别机具。标准针对不同的机具类型，对现金机具的鉴别时间、鉴别速度、漏识率、误识率、冠字号码字符误读率和拒钞率等指标提出了相应的能力要求，同时对现金机具鉴别功能升级、数据存储以及传输和一致性提出了统一的要求。标准还针对不同的机具类型制定了鉴别能力测试方法，并给出了测试中使用的样张和样币明细。

三、标准推广与应用

该标准的发布，有利于增强我国金融基础设施安全水平，营造更加顺畅的货币流通环境，保护持币人合法权益，规范现金机具的生产和使用，更加科学地评定现金机具的鉴别能力，促进现金机具企业全面提升产品质量，引导现金机具行业推进供给侧结构性改革并实现高质量发展。

该标准发布后，人民银行多渠道开展标准宣传，提升金融机构、产业单位对标准的理解，增强金融机构标准对标达标能力。后续，人民银行将研究建立强制性国家标准实施监督检查、实施效果评估、信息反馈机制，对违反强制性国家标准的行为依法予以处理。

第四节　《金融服务　金融业通用报文方案》国家标准应用

2021 年 7 月 20 日，《金融服务　金融业通用报文方案》（GB/T 27926—2021）国家标准正式发布，并于 2022 年 2 月 1 日起正式实施。该标准主要包含元模型、UML 概况等 8 部分内容，对于构建一套规范、系统的报文开发方案，提升金融业信息交换开发效率并降低报文运行维护成本具有重要意义。

一、编制背景

随着我国金融业与国际接轨的程度不断深化，跨境支付结算的业务种类逐年增加，必然会产生与国际上已经采用 ISO 20022 标准的国外业务系统的信息交换需求，客观上要求我国金融业具备适应国外发达国家信息交换的基础和条件。目前国内各金融机构系统传输数据报文的开发方法多样，机构间信息交互报文开发和维护成本较高，国内金融业亟须制定一套通用的报文开发标准以解决现阶段面临的问题。人民银行于 2004 年启动该标准的首版采标工作，于 2011 年首次作为国家标准发布了第一版的 5 个部分。2013 年，SWIFT 发布了第二版的 ISO 20022 文件，在人民银行的指导下，中国金融电子化集团有限公司及时启动对该国际标准的跟踪研究工作，并于 2017 年向国家标准委提交该项目的申报材料并最终通过标准立项。

二、主要内容

《金融服务　金融业通用报文方案》（GB/T 27926—2021）主要包含以下 8 个部分内容：

第 1 部分：元模型。在 MOF（元对象工具）中描述所有模型和库的元模型，目的是介绍建模方法综述、库内容综述、注册机构可接受的库输入的抽象描述、注册机构公开提供的库输出的抽象描述。

第 2 部分：UML 概况。目的是通过介绍扩展集的定义、整体结构、元模型各层到

UML 实现所涉及的元类属性，对于报文开发者更好地理解 UML 扩展集及其各层级的 UML 实现具有重要的指导意义。

第 3 部分：建模导则。描述了为本文件产生模型的建模方法。目的是向建模人员说明报文模型建立应遵循的步骤，确保业务组件/元素、报文组件/元素、业务交易和报文定义的一致性。

第 4 部分：XML Schema 生成。目的是介绍 XML Schema 生成规则，用于将逻辑层模型转换为语法描述的物理层。

第 5 部分：反向工程。涵盖了逻辑模型对齐和现有报文语法的反向工程。目的是介绍反向工程中的主要阶段以及各阶段的输入、输出以及活动。

第 6 部分：报文传输特性。目的是介绍业务交易和报文定义所需要的报文传输系统的参数，明确报文不同传输模式下的参数差异。

第 7 部分：注册。描述了管理模型注册和物理语法实现的过程。目的是说明申请机构和注册机构双方的职责和注册流程。

第 8 部分：ASN. 1 生成。本部分给出了 ASN. 1 语法生成规则，以便通过 ASN. 1 将逻辑层模型转换为物理层描述。

三、标准推广与应用

该标准于 2021 年 7 月发布，并在 10 月 21 日召开的金融街论坛上通过各大新闻媒体宣传推广，对标准后续的实施应用起到了很好的普及作用。目前，我国已将该标准成功应用到部分金融业信息系统的建设过程中，主要包括中央银行会计核算数据集中系统（ACS）、中国人民银行第二代支付系统、中国人民银行网上支付跨行清算系统（EBPS）、中国人民银行电子商业汇票系统（ECDS）和人民币跨境收付信息管理系统（RCPMIS）等。

该标准主要以 ISO 20022：2013 为基础进行国际标准采标，鉴于 ISO 20022 标准在提升金融报文互通性、开放性及扩展性方面的优势，随着该标准在我国的全面落地应用和中国本地通用报文库项目的建设和探索，必将引领国内金融业信息报文发展向着规范性和国际化前进，提升我国金融信息互联互通能力。

第五节 《资产管理产品介绍要素》（共3部分）行业标准应用

《资产管理产品介绍要素》包括《资产管理产品介绍要素 第1部分：银行理财产品》（JR/T 0215.1—2021）、《资产管理产品介绍要素 第2部分：证券期货资产管理计划及相关产品》（JR/T 0215.2—2021）、《资产管理产品介绍要素 第3部分：信托产品》（JR/T 0215.3—2021）三项金融行业标准。2021年5月13日，《资产管理产品介绍要素》三项金融行业标准由人民银行、银保监会、证监会联合发布。

一、编制背景

2018年4月，人民银行、银保监会、证监会、外汇局联合发布《关于规范金融机构资产管理业务的指导意见》（银发〔2018〕106号），要求金融机构开展资产管理业务应坚持产品和投资者匹配原则，加强投资者适当性管理，强化金融机构的勤勉尽责和信息披露义务。

为规范面向投资者推介销售使用的银行理财产品介绍，对证券期货经营机构资产管理计划及相关产品建立一套统一的产品介绍要素标准，完善信托产品信息披露，维护投资者权益，深化“卖者尽责、买者自负”的理念，2021年5月，《资产管理产品介绍要素》正式发布，该系列标准作为资产管理业务法规制度建设的有力补充，促进了国内资产管理业务的有序、良性发展，将对我国资产管理业务走向国际产生深远的影响。

二、主要内容

《资产管理产品介绍要素 第1部分：银行理财产品》（JR/T 0215.1—2021）提出了编制银行理财产品介绍的总体要求、内容要求和展示要求等通用要求，规定了银行理财产品介绍中版本、产品名称、产品代码等33项要素的要求，并给出了银行理财产品介绍模板。

《资产管理产品介绍要素 第2部分：证券期货资产管理计划及相关产品》

(JR/T 0215. 2—2021）规定了证券期货资产管理计划及相关产品介绍的通用要求、各级要素及内容要求，并给出了《证券期货资产管理计划及相关产品介绍》模板的样式。

《资产管理产品介绍要素　第 3 部分：信托产品》(JR/T 0215. 3—2021）提出了编制信托产品介绍的总体要求、内容要求和展示要求等通用要求，规定了产品概要、产品类型信息、信托财产运用策略或方式等介绍要素的要求，并给出了信托产品介绍模板。

三、标准推广与应用

该系列标准主要通过以下三方面措施推进落地实施。

一是标准主管部门、业务主管部门加强与行业机构的协调沟通，提高行业机构对标准实施的重视程度，引导行业机构推动标准实施，充分发挥行业标准的示范和引领作用。

二是加大标准宣传推广力度。通过官网、微信公众号等渠道进行宣传，在金融消费者保护、投资者保护等相关宣传活动中加入标准的宣传、咨询和讲解，使更多的投资者能够了解规范统一的资产管理产品介绍要素标准。

三是在标准推广实施过程中，建立标准实施信息反馈机制和渠道，收集行业机构、投资者对标准实施的意见建议，分析、处理标准实施反馈信息。根据标准实施情况，组织分享标准实施的优秀案例。

第六节　《金融机构环境信息披露指南》行业标准应用

2021 年 7 月 22 日，《金融机构环境信息披露指南》(JR/T 0227—2021）金融行业标准由人民银行正式发布。该标准作为国内首个金融机构环境信息披露方面的指南，为我国金融机构环境信息披露提供了方法指导。

一、编制背景

近年来，绿色低碳、可持续发展已经成为全球共识。2020 年，我国提出“二氧化碳排放力争 2030 年前达到峰值，努力争取 2060 年前实现碳中和”的目标。绿色金融被提升到前所未有的战略高度，环境信息披露则是绿色金融的关键。2020 年以来，生态环境部正式发布《企业环境信息依法披露管理办法》，人民银行确立的“三大功能”“五大支柱”绿色金融发展政策思路中，加强环境信息披露是其中重要环节。

《金融机构环境信息披露指南》的发布实施为我国金融机构开展环境信息披露提供了参考指标与实践指导。该标准在编制过程中，立足于我国金融机构环境信息披露实践，与国际准则接轨，能够更好地适应全球环境信息披露标准趋于融合与协同的发展趋势。

二、主要内容

《金融机构环境信息披露指南》从金融机构年度经营概况、环境相关治理结构、环境相关政策制度、环境风险及机遇的识别分析和管理、环境相关产品与服务创新、经营和投融资活动对环境的影响、绿色金融创新及研究成果等方面提供了金融机构在环境信息披露过程中遵循的原则、披露的形势、内容要素以及各要素的原则要求，有助于规范金融机构环境信息披露工作。

三、标准推广与应用

《金融机构环境信息披露指南》适用于在我国境内依法设立的银行、资产管理、保险、信托、期货、证券等金融机构，主要通过以下措施推动标准实施。

一是组织标准宣讲推广及相关培训。多渠道、多举措做好标准的推广普及和实施能力建设，让更多的金融机构深入理解标准内容，保障金融机构信息披露的质量。

二是加强标准实施试点。2021 年 2 月，在充分尊重金融机构意愿基础上，人民银行选取广州银行、广州农商行、珠海华润银行、珠海农商行、博罗农商行、东莞银行、东莞农商行、中山农商行、江门农商行、南海农商行、顺德农商行、四会农商行、德庆农商行等 13 家法人银行开展金融机构环境信息披露试点工作。截至 2021 年 8 月，13 家法人银行均提交了《环境信息披露报告》，兼顾了定性披露和量化指标分析，从不同角度对披露内容进行延伸，这是国内首个区域统一组织、集中公开展示的金融机构环境信息披露模式。

三是建立标准实施情况反馈机制。对绿色金融改革创新试验区、粤港澳大湾区等地区试行机构反馈的标准贯彻实施情况及难点问题进行监测、分析，为金融机构提供方法指导，确保标准顺利实施。

第七节 《环境权益融资工具》行业标准应用

2021 年 7 月 22 日，《环境权益融资工具》(JR/T 0228—2021）金融行业标准由人民银行正式发布。该标准有利于拓宽企业绿色低碳融资渠道，引导金融资源向绿色低碳发展领域倾斜，完善全国统一的碳排放权等环境权益市场，推动环境权益市场为排碳等行为合理定价，助力实现国家碳达峰、碳中和目标。

一、编制背景

2016 年 8 月，人民银行等七部门印发《关于构建绿色金融体系的指导意见》(银发〔2016〕228 号)，要求发展基于碳排放权、排污权、节能量（用能权）等各类环境权益的融资工具，拓宽企业绿色融资渠道。2020 年 3 月，中共中央办公厅、国务院办公厅印发《关于构建现代环境治理体系的指导意见》，要求研究探索排污权等环境权益抵质押融资。2021 年 9 月，中共中央办公厅、国务院办公厅印发《关于深化生态保护补偿制度改革的意见》，要求研究发展基于水权、排污权、碳排放权等各类资源环境权益的融资工具。

为贯彻落实相关政策要求，在绿色金融标准工作组组长单位人民银行研究局的指导支持下，《环境权益融资工具》作为绿色金融领域首批急用先行标准，由北京绿色交易所牵头起草，行业内有关单位共同参与起草。

二、主要内容

《环境权益融资工具》提出了环境权益融资工具的两大分类、四个方面总体要求、三种典型实施流程。基于环境权益融资工具的环境权益与金融工具结合的特点，将环境权益融资工具分为环境权益直接融资工具和环境权益间接融资工具两大类；从实施主体、融资标的、价值评估、风险控制四个主要方面规定了开展环境权益融资活动的各项总体要求；根据现阶段环境权益及环境权益融资市场发展情况，提出了环境权益回购、环境权益借贷、环境权益抵质押贷款三种目前相对成熟的环境权益融资工具的典型实施流程。

三、标准推广与应用

《环境权益融资工具》发布后，金标委秘书处组织开展“走进金融标准 网络直播课堂”，由北京绿色交易所标准起草组专家对标准进行解读，从环境权益和环境权益融资工具市场现状出发，结合该标准的起草过程及核心内容进行在线宣传，得到广泛关注和好评。通过开展标准解读，让企业和金融机构了解到环境权益也可以用于融资，并成功推动了环境权益融资工具的应用探索，切实起到了拓宽企业绿色低碳融资渠道的作用。

以北京为例，2021 年 9 月 6 日，北京盛通印刷股份有限公司与北京银行合作，基于该公司合法持有的北京碳配额资产，通过北京绿色交易所达成 1000 万元的碳排放权抵质押贷款融资。

第八节 《金融业数据能力建设指引》行业标准应用

2021 年 2 月 9 日，《金融业数据能力建设指引》（JR/T 0218—2021）金融行业标准由人民银行正式发布。该标准明确了金融业数据能力建设的基本原则、目标和思路，为金融机构开展金融数据能力建设工作提供全面指导。

一、编制背景

2019 年 11 月，党的十九届四中全会首次将“数据”列为生产要素参与分配，标志着以数据为关键要素的数字经济进入新时代。党的十九届五中全会审议通过的《中共中央关于制定国民经济和社会发展第十四个五年规划和二〇三五年远景目标的建议》提出要推动数据资源开发利用，加强个人信息保护。

作为数据密集型行业，金融业开展的以数据为核心的数字化转型覆盖了各类金融业态和金融服务，降低了金融服务成本、促进了供需精准匹配，显著地提升了金融运作效率。但在此过程中，金融业在数据治理方面仍面临困难，存在数据“不能用、不好用、不会用、不善用”等问题。为贯彻落实党中央、国务院关于完善数据要素市场化配置体制机制的相关要求，切实提升金融数据治理水平，深挖数据价值、释放数据潜能，加快推进金融业数字化转型，人民银行组织制定并发布了《金融业数据能力建设指引》金融行业标准。

二、主要内容

金融数据内容多样，金融数据治理体系复杂，制定《金融业数据能力建设指引》，旨在推动金融机构制定数据战略规划、开展数据治理、优化数据架构、统一数据规范、提升数据管理能力，助力金融机构数字化转型。

该标准明确了金融业数据能力建设要遵循用户授权、安全合规、分类施策、最小够用、可用不可见 5 个基本原则，从数据战略、数据治理、数据架构、数据规范、数据保护、数据质量、数据应用、数据生存周期管理方面划分了 8 个能力域和 29 个对应能力项，提出了每个能力项的建设目标和工作措施。

三、标准推广与应用

该标准为推荐性行业标准，适用于金融机构开展金融数据能力建设。主要通过以下措施推动该标准实施。

一是积极开展标准宣传。组织人民银行分支机构、金融机构等单位以宣讲会、标准培训班、标准研讨会等形式开展宣讲和培训工作。推动金融机构结合机构自身实际情况，将数据能力建设纳入本单位中长期发展战略，建立数据能力建设长效工作机制。

二是通过行业检测认证推动标准落地。金融行业检测认证机构依据此标准配套出台“数据能力等级认证”和相关实施细则，帮助金融机构理解和应用标准，以“金融标准+检测认证”模式推动标准应用落地。

三是加强标准实施情况跟踪。做好标准实施过程中的问题发现和收集整理工作，建立标准实施信息反馈和效果评估机制，为标准应用与质量提升提供信息支撑。逐步构建以标准实施、能力认证和结果反馈为闭环的事前、事中、事后管理机制，助力做好标准版本迭代工作。

第四章
金融团体标准和企业标准应用

- 《多方安全计算金融应用评估规范》团体标准应用
- 《供应链金融　监管仓业务规范》团体标准应用
- 《中国银行业协会团体标准化文件的结构和起草规则》团体标准应用
- 《长三角征信链征信一体化服务规范》团体标准应用
- 《商业银行绿色项目贷款环境与社会风险管理规范》团体标准应用
- 《金融消费权益保护标准化网点评定规范》团体标准应用
- 《中国工商银行网上银行服务规范》企业标准应用
- 《应用程序接口安全管理规范》企业标准应用
- 《国泰君安区块链电子数据存证标准》企业标准应用
- 《泰康人寿电子保单业务规范》企业标准应用

第一节 《多方安全计算金融应用评估规范》团体标准应用

2021 年 6 月 29 日，《多方安全计算金融应用评估规范》(T/PCAC 0009—2021) 金融团体标准由中国支付清算协会正式发布。该标准完善了多方安全计算金融应用产品检测认证标准体系建设，推进了金融行业标准、团体标准协调发展。

一、编制背景

2019 年 8 月，人民银行印发《金融科技（FinTech）发展规划（2019—2021 年）》(银发〔2019〕209 号)，指出“充分利用多方计算等信息技术，健全网络身份认证体系，构建适应互联网时代的移动终端可信环境，保障移动互联网环境下金融交易安全，提升金融服务的可得性、满意度与安全水平”。为引导、规范、促进多方安全计算（MPC）技术在金融行业广泛、安全的应用，保障参与各方的数据隐私安全，保障计算和分析的准确性，促进金融行业 MPC 应用的持续健康发展，人民银行牵头制定了《多方安全计算金融应用技术规范》(JR/T 0196—2020)。

同时，为加强对金融科技产品的监管，2019 年 10 月，市场监管总局、人民银行联合发布《金融科技产品认证目录（第一批）》和《金融科技产品认证规则》。为推动多方安全计算金融产品的评估认证工作，促进产品高质量快速落地，中国支付清算协会组织相关单位根据金融行业标准《多方安全计算金融应用技术规范》(JR/T 0196—2020) 的相关要求，起草了《多方安全计算金融应用评估规范》。

二、主要内容

《多方安全计算金融应用评估规范》适用于多方安全计算金融应用产品检测机构以及设计、开发、集成、维护、运营单位，也适用于检测认证机构对相关产品、应用系统进行安全性和标准符合性测试和认证。

该标准明确了多方安全计算金融应用产品评估工作的适用范围、评估依据以及各评估项的评估目的、适用性、测试过程和通过标准。其中，适用性由必测项 M、条件必测项 C、可选测试项 O 三类组成。具体评估要求如下。

基础功能评估要求：包括多方安全计算产品的数据输入、算法输入、协同计算、结果输出、调度管理等方面的适用性、评估方法和通过标准。

安全性评估要求：包括对多方安全计算产品所采用的协议的安全性、隐私数据安全、认证授权、密码应用安全、通信安全、存证日志等方面的适用性、评估方法和通过标准。

性能评估要求：包括对多方安全计算产品的计算时延、吞吐量、计算精度等方面的适用性、评估方法和通过标准。

三、标准意义与价值

《多方安全计算金融应用评估规范》为第三方专业化检测认证机构等单位开展安全检查与评估工作提供参考，并指导检测机构按要求进行评估工作。该标准编制前期充分考虑到监管要求和行业发展情况，制定过程充分调研多方安全计算在金融行业的应用情况以及未来发展前景，并广泛征求商业银行、非银行支付机构、认证机构、检测机构、应用服务方等单位意见建议，确保规范的实用性和可操作性。未来，该标准将协同金融行业标准，为检测认证业务开展提供强有力的技术支撑。

第二节 《供应链金融 监管仓业务规范》团体标准应用

2021 年 7 月 13 日，《供应链金融 监管仓业务规范》（T/NIFA 10—2021）金融团体标准由中国互联网金融协会正式发布。该标准规范了供应链融资类的金融监管仓业务活动，明确了参与主体的权利和义务，建立了规范的运行规则，有利于促进供应链融资类业务的健康发展。

一、编制背景

供应链金融的创新实践是解决中小企业融资难、融资贵的重要战略途径。由于中小企业拥有大量的存货动产，动产质押融资有效解决了中小企业的融资难问题。为规范供应链金融中监管仓的业务活动，明确供应链金融业务主体参与监管仓业务活动的细节，中国互联网金融协会编制《供应链金融　监管仓业务规范》团体标准。

二、主要内容

该标准明确了供应链金融的监管仓业务场景、业务规范、系统对接要素和业务准入基本要求，适用于供应链金融的监管仓业务，融资人即出质人（货主）将合法所有的货物向质权人（资金方）出质，质物作为质权人（资金方）向出质人（货主）授信融资的担保，监管方接受质权人（资金方）的委托，在质押期间按质权人（资金方）指令对质物进行监管。

三、标准推广与应用

2021 年，中国互联网金融协会会同多家仓储服务机构、物流服务商、金融机构，提炼出符合当前市场需求的监管仓业务规范，旨在通过建立系统化和标准化的监管仓业务规范，在有效防范风险的基础上，积极稳妥开展供应链金融业务，为资金进入实体经济提供安全通道，为符合条件的中小微企业提供成本相对较低、高效快捷的金融服务，推动供应链金融市场规范运行，保证资金流向实体经济。

下一步，中国互联网金融协会将继续完善和修订《供应链金融　监管仓业务规范》，深化同业交流，取长补短，不断提高该标准的全面性、有效性和前瞻性，借助金融科技手段，促进供应链仓储融资类业务的健康发展。

第三节　《中国银行业协会团体标准化文件的结构和起草规则》团体标准应用

2021 年 8 月 26 日，《中国银行业协会团体标准化文件的结构和起草规则》（T/CBA 1—2021）金融团体标准由中国银行业协会正式发布，该标准确立了中国银行业协会团体标准化工作的基础。

一、编制背景

《标准化工作导则　第1部分：标准化文件的结构和起草规则》（GB/T 1.1—2020）（以下简称GB/T 1.1—2020）是当前国内广泛采用的标准编制规则，在其范围中明确指出“本文件适用于国家、行业和地方标准化文件的起草，其他标准化文件的起草参照使用”。在实际应用过程中，按照GB/T 1.1—2020的要求编制团体标准和团体技术报告时，如涉及有关著作权的表述或引用相关国际标准时涉及的标准化原则等，需做出进一步说明。

在国际上《ISO/IEC导则　第2部分：ISO和IEC文件的结构和起草原则与规则》（以下简称ISO/IEC导则2）发布的背景下，中国银行业协会以GB/T 1.1—2020为基本遵循，同时以ISO/IEC导则2中有关内容为补充，制定了《中国银行业协会团体标准化文件的结构和起草规则》，建立了中国银行业协会团体标准和团体技术报告制定的基础。

二、主要内容

《中国银行业协会团体标准化文件的结构和起草规则》以GB/T 1.1—2020为基本遵循，章节编排与其对应，确立了中国银行业协会团体标准化文件的结构及其起草的总体原则和要求，并规定了文件名称、层次、要素的编写和表述规则以及文件的编排格式。

（一）文件的类别

该标准在给出术语的基础上，明确中国银行业协会的团体标准化文件包括团体标准和团体技术报告。此外，除GB/T 1.1—2020中4.2规定的类别及划分方式外，还提供了四种划分方式作为参考。

（二）文件的结构

该标准规定在遵循GB/T 1.1—2020中第6章的基础上，明确中国银行业协会团体标准化文件名称不必描述文件作为“标准”“技术报告”“团体标准”或“团体技术报告”的类别，不应包含“……标准”“……团体标准”“……技术报告”“……团体技术报告”等词语。

（三）文件的要求和原则

该标准规定起草团体标准化文件应符合以下要求：一是本文件给出明确要求的，应符合本文件要求；二是本文件给出明确建议但不能遵循本文件给出建议的，应在编制说明中给出明确的理由；三是本文件无明确要求和建议的，应符合 GB/T 1.1—2020。

该标准规定起草团体标准化文件在符合 GB/T 1.1—2020 给出的原则基础上，应努力兼顾的原则包括："做好规划　强化预研""对象清晰　指标全面""注重表现　明确产出""要求客观　效果可验""避免重复　一事一源""规范描述　预留拓展"六个方面。

（四）文件层次的编写

团体标准的编制应符合 GB/T 1.1—2020 中第 7 章的要求，而团体技术报告不应包括要求、指示、推荐和允许型条款，其余编制要求应符合 GB/T 1.1—2020 中第 7 章的要求。从而针对当前不成熟但需要进行必要标准化的内容，形成一个与 ISO 技术报告保持一致但又可避免前瞻性不足而限制创新的标准化文种。

（五）文件要素的编写和表述

对于要素编写，从"封面""前言""引言""术语和定义""其他要素的编制"五个方面，对照 GB/T 1.1—2020 相应章节，增加团体标准化文件要素编写不同之处，逐项细化团体标准化文件要素编写要求。对于要素表述，在遵循 GB/T 1.1—2020 第 9 章要求的同时，增加了"多个并列语段之间的符号使用""日常惯于用图中的文字描述""银行业务中涉及的公式"等表述规则。

其余要求均与 GB/T 1.1—2020 相同。

三、标准意义与价值

《中国银行业协会团体标准化文件的结构和起草规则》能够更加充分地体现中国银行业协会团体标准和团体技术报告的特征，能够将目前尚不十分明确或存在争议的技术要求进行标准化表述，能够方便快捷地吸收和引用相关国际标准，并为中国银行业协会团体标准和团体技术报告的读者提供指导。

第四节 《长三角征信链征信一体化服务规范》团体标准应用

2021年12月4日，《长三角征信链征信一体化服务规范》（T/SHFS 001—2021 T/JPS-FFB 001—2021 T/ZJFS 003—2021 T/AHSFS 001—2021）金融团体标准由上海市金融学会、江苏省金融学会、浙江省金融学会、安徽省金融学会正式发布。该标准推动了金融服务在长三角地区的高质量一体化发展，体现了金融标准助力金融科技创新规范发展的积极作用，实现了长三角地区金融团体标准发布及互认。

一、编制背景

为贯彻落实习近平总书记"要利用区块链技术促进城市间在信息、资金、人才、征信等方面更大规模的互联互通"指示精神，在人民银行总行的支持和指导下，人民银行上海总部、南京分行、杭州中支、合肥中支积极开展征信领域的区块链应用，率先在长三角地区开展"长三角征信链"试点工作，于2020年12月建成"长三角征信链平台"，实现了征信信息跨地区共享互通，进一步夯实了长三角征信一体化建设基础。

为规范区块链技术在征信一体化领域的应用，提升区块链技术的信息安全保障能力，由人民银行南京分行牵头，三省一市人民银行及征信机构共同参与，在广泛调研的基础上多次召开研讨会，组织制定了《长三角征信链征信一体化服务规范》金融团体标准。

二、主要内容

《长三角征信链征信一体化服务规范》主要参考了《国家标准管理办法》《金融行业标准管理办法》《中华人民共和国标准法》《标准化工作导则》等文件规定，适用于长三角地区征信机构、金融机构、监管机构以及数据源接入"长三角征信链"的机构，提供互联互通的征信一体化服务。

该标准包括范围、规范性引用文件、术语和定义、一般要求、节点接入要求、服务质量要求、服务内容、数据内容、服务安全和附录 10 个部分，从查询用户准入、接入安全、硬件、网络等 10 个方面内容进一步厘清了征信提供方、服务使用方、业务监管方和建设运营方的职责义务，同时对长三角征信链平台的系统功能以及平台管理做了介绍。在此基础上明确了平台的服务内容，对异地查询服务流程以及联合查询服务流程给出了详细的规定。在数据内容方面，结合附录 A 的数据项，对数据属性名称及类型提出了具体要求。在服务安全方面，对物理安全、信息安全、密码安全以及运维安全等方面做了明确的规定。

三、标准推广与应用

2021 年 9 月至 11 月，《长三角征信链征信一体化服务规范》由长三角地区金融学会组织完成了立项、征求意见和技术审查等工作。其间邀请近 30 位业内专家对标准开展多次评审，广泛征集意见并根据专家评审意见进行了多轮修改。该标准既是首个长三角地区联合发布的金融团体标准，也是长三角地区金融标准互认互通的开端，有利于金融机构进一步规范采集授权流程，完善查询服务，为区块链技术大规模应用提供业务保障和信息安全风险约束能力，对长三角征信一体化形成良性的推动作用。

未来，长三角地区人民银行将继续携手，了解掌握标准推广使用情况，广泛听取同业意见，及时对标准进行更新完善，共同推进长三角地区金融团体标准的创新建设，创建以金融标准服务长三角一体化发展的新格局。

第五节　《商业银行绿色项目贷款环境与社会风险管理规范》团体标准应用

2021 年 12 月 21 日，《商业银行绿色项目贷款环境与社会风险管理规范》(T/HFS 001—2021) 金融团体标准由河南省金融学会正式发布。该标准规范了商业银行绿色信贷业务操作管理流程，有力地提升了商业银行绿色项目贷款环境与社会风险管理质效。

一、编制背景

2021 年，中共中央、国务院印发的《国家标准化发展纲要》明确指出要加快构建推动高质量发展的标准体系，完善绿色发展的标准化保障。国务院2021年印发的《2030年前碳达峰行动方案》(国发〔2021〕23号）提出要完善绿色金融评价机制，建立健全绿色金融标准体系。在“双碳”目标下，为有效落实人民银行确立的“三大功能”“五大支柱”绿色金融发展政策思路，推动商业银行绿色项目贷款环境与社会风险管理标准化、规范化，人民银行郑州中支组织辖内商业银行围绕绿色信贷业务流程开展调查研究，紧密结合绿色项目贷款管理实际，充分吸收业务实践经验，研究制定了《商业银行绿色项目贷款环境与社会风险管理规范》。

二、主要内容

《商业银行绿色项目贷款环境与社会风险管理规范》适用于指导商业银行绿色项目贷款开展环境和社会风险管理工作，就绿色项目贷款的环境与社会风险分类、评审组织、管理流程和跟踪管理等内容进行规范。

该标准明确了绿色项目贷款的环境与社会风险分类原则、方法和步骤，规范了风险评审组织的构建、议事和决策规则，厘清了项目营销与前期审查、授信前尽职调查、环境与社会风险审查以及合同签订的管理流程，提供了绿色项目贷款的项目分类参考示例、第三方机构的准入标准以及存续期环境与社会风险的检查样例。

三、标准推广与应用

该标准由人民银行郑州中支联合兴业银行郑州分行等金融机构共同研制。标准发布后，河南省金融学会在全国团体标准信息服务平台公示公开。人民银行郑州中支通过主流媒体等多渠道开展宣传，组织河南省各商业银行学习标准内容，推动标准落地实施。标准的制定发布有助于推动商业银行积极践行绿色发展理念，加强环境与社会风险管理专业能力建设，提升绿色项目贷款环境与社会风险管理质效，促使经济发展方式向绿色低碳、节能环保方向转变。

下一步，人民银行郑州中支将持续关注市场创新需求，了解掌握标准推广应用情况，深化同业交流，广泛听取意见，及时对标准进行更新完善，持续发挥该标准在商业银行绿色信贷业务高质量发展中的规范引领作用。

第六节 《金融消费权益保护标准化网点评定规范》团体标准应用

2021 年 9 月 17 日，《金融消费权益保护标准化网点评定规范》（T/HFCPA 001—2021）金融团体标准由湖南省金融消费权益保护协会正式发布。该标准为金融机构全面理解、准确把握金融消保标准化网点评定工作要求提供了指南，有利于从金融消保的角度进一步规范银行营业网点服务，维护金融消费者权益，提升人民群众的金融消费安全感。

一、编制背景

为进一步推动金融消费权益保护标准化网点建设，切实保障金融消费者合法权益，人民银行长沙中支在湖南省金融消费权益保护协会支持下，在全省开展金融消费权益保护标准化网点评定工作。为规范评定流程，完善评定机制，提升银行营业网点服务水平，湖南省金融消费权益保护协会秘书处组织长沙部分银行业金融机构制定了《金融消费权益保护标准化网点评定规范》。

二、主要内容

《金融消费权益保护标准化网点评定规范》包括范围、规范性引用文件、术语和定义、评定原则、组织机构、评定内容、评定流程及描述、评价指标体系 8 个部分。

金融消费权益保护标准化网点评定对象为湖南省内依法设立的为金融消费者提供金融产品和服务的银行营业网点。该标准充分结合湖南省金融消保标准化网点评定工作实践，可操作性强，明确了评定原则与组织机构，实现评定流程图形化展现，并对工作机制、服务环境与功能、行为规范、员工管理、信息公示、金融消费保护、投诉处理、宣传教育、消费者评价 9 个方面的评价指标进行了规范化描述。

三、标准推广和应用

为保证标准实施效果，人民银行长沙中支举办金融团体标准专题宣讲，全面解读了该标准。宣讲对象包括省内人民银行、各金融机构标准化与金融消保工作人员，以及各金融社会团体代表共计 200 余人。同时，组织省内各家金融机构开展网点服务对标工作，在全省打造一批金融消保标准化网点，受到消费者广泛好评，有效带动全省金融消费者权益保护工作不断升级优化。

下一阶段，湖南省金融消费权益保护协会将进一步加强该标准的宣贯实施，以标准化建设引导金融机构不断完善和规范金融服务，有效提升金融消费者权益保护工作水平。

第七节 《中国工商银行网上银行服务规范》企业标准应用

2021 年 8 月 20 日，《中国工商银行网上银行服务规范》（Q/ICBC 3101—2021）企业标准由中国工商银行正式发布。该标准规范了工商银行数字化经营服务体系建设要求，适应了网上银行多形态、多渠道的服务业态，提升了网上银行便捷安全、高效优质的线上金融服务能力，为工商银行高水平科技自立自强核心服务平台的建设提供了有效指引。

一、编制背景

工商银行网上银行建设经过 20 多年的不懈探索，从标准化普适服务向“标准化+定制化服务”转变，从单纯依赖自有平台向“自有平台+互联网平台”进阶，从单一式金融服务向平台化“行业+金融”综合服务跃升，积累了丰富的线上金融服务创新成果，形成了较好的服务口碑。为顺应高质量发展新要求，在更高起点上推进网上银行建设，工商银行融合最新金融科技成果固化形成《中国工商银行网上银行服务规范》企业标准，以此推进网上银行服务创新，提升线上业态服务能力，保障金融消费者权益，为工商银行实现网上银行从“最大”迈向“最好”提供“e-ICBC”样本。

二、主要内容

工商银行根据市场监管总局发布的 2021 年企业标准“领跑者”网上银行服务领域活

动要求和《信息安全技术　个人信息安全规范》(GB/T 35273—2020)、《网上银行系统信息安全通用规范》(JR/T 0068—2020)等相关标准，结合《中国工商银行标准体系》规定，制定了《中国工商银行网上银行服务规范》企业标准。

该标准主要包括服务功能、服务体验、服务创新、服务管理、业务安全、基础设施安全、应用安全、机制保障 8 个方面。为满足客户全方位、多功能、专业化、线上线下一体化、差异化的金融服务需求，提出了涵盖账户服务、结算服务、存款服务、贷款服务、投资理财服务、信用卡服务、安全管理服务、客户信息服务等内容的总体要求，并对场景生态、API 开放平台、权益商城、视频直播、金融云、数字货币、信息无障碍、乡村振兴等 14 项创新业务进行了规范。围绕线上服务连续性及安全保障能力，量化了评定指标，建立了增强身份认证机制、实时风险交易监测、交易安全智能控件、反欺诈反洗钱等“系统控制+性能规范化”管理机制；围绕技术前瞻性创新能力，规范了云计算、大数据等新技术在网上银行的应用，描述了工银星云、工银魔方、工银天眼、工银图灵、工银玺链、工银聚物等技术平台的接入要求和金融服务方式，保证了行业服务的创新价值。

三、标准推广与应用

2021 年，工商银行将该标准在全国企业标准信息公共服务平台公开并推动标准实施。该标准已纳入《中国工商银行标准体系》统一管理，按照工商银行企业标准宣贯要求开展工作，包括规划管理、修订管理、培训管理、例外管理和常态管理，持续提高标准落地实施力度。通过标准实施应用，全面提升工商银行面向小微企业、年轻客群、长尾客群和中高端客群的服务供给能力，满足广大客户生产经营和生活消费的金融服务需求，践行金融为民、金融利民、金融惠民、金融安民的理念。

第八节　《应用程序接口安全管理规范》企业标准应用

2021 年 7 月 30 日，《应用程序接口安全管理规范》(Q/CCB 1003—2021)企业标准由中国建设银行正式发布。该标准规范了建设银行对外提供应用程序接口的相关设计，有效强化接口安全控制，提高开放合作系统对接效率，进一步促进开放银行规范、健康发展。

一、编制背景

2020 年 2 月 13 日，人民银行发布《商业银行应用程序接口安全管理规范》（JR/T 0185—2020）金融行业标准。建设银行在 2017 年开始探索开放银行系统的建设，并于 2018 年对外提供服务，银行业务从“内部场景”向“外部场景”延伸，但在新的业务模式下面临业务转型、信息保护、网络安全等诸多挑战。在贯彻推动行业标准认证基础上，为规范开放银行对外提供应用程序接口的相关设计，尤其是安全设计，建设银行基于业务管理、平台运营维护、合作机构对接、产品服务管理等方面经验，制定了《应用程序接口安全管理规范》企业标准，有效满足各项安全设计需求，为后续开放银行建设、合作机构接入等工作提供了依据。

二、主要内容

《应用程序接口安全管理规范》企业标准规定了建设银行应用程序接口的类型与安全级别、安全设计、安全部署、安全集成、安全运维、服务终止与系统下线、实施保障、安全管理等安全技术与安全保障要求。适用于建设银行对外互联的应用程序接口设计和应用，以指导从事或参与建设银行应用程序接口服务的银行业金融机构、集成接口服务的应用方开展相关工作，并为第三方安全评估机构等开展安全检查与评估工作提供参考。

其中，在安全设计方面，该标准明确了安全设计基本要求、接口安全设计、接口交互设计、服务安全设计等内容；在安全集成方面，对应用方审核、接入安全控制、运行安全、应用方退出等提出了具体要求；在安全运维方面，规范了安全监测、风险控制、变更控制、运维巡检和事件处理等内容。

三、标准推广与应用

随着应用程序接口安全管理标准化管理工作的深入推进，建设银行致力于用更高标准来规范平台运营，不断提升服务质量。一方面，基于标准化工作要求，持续提升平台安全能力，强化多层次、多维度安全控制能力，实现精细化管理，构建多维度、多场景、多渠道的参数化安全控制体系，为用户提供灵活安全的金融服务。另一方面，依托安全、高效的平台支撑，深入挖掘金融开放应用场景，构建更活跃的连接枢纽。截至 2020 年底，建设银行开放银行管理平台累计上线775个应用程序接口，场景覆盖政务工商、住房租赁、“三农”务工、物流供应链等多个领域，为建设银行开放金融服务、打造平台生态提供了强有力的平台支撑。

第九节　《国泰君安区块链电子数据存证标准》企业标准应用

2021年7月30日，《国泰君安区块链电子数据存证标准》（Q/021GTJA 20210128—2021）企业标准由国泰君安证券股份有限公司（以下简称国泰君安）正式发布。该标准通过规范国泰君安电子数据存证流程，有效地降低了公司各系统进行电子数据存证应用的成本，提高了区块链应用水平。

一、编制背景

在证券公司内部，存在大量电子数据存证场景。客户在开户、业务办理、金融产品购买等流程中均需要使用电子合同，以国泰君安为例，日均签署电子合同达5万份，此外国泰君安的投资研报、版权文章、客户对账单等均需要存证保护，这些电子数据都可在区块链系统中进行安全、永久的存证保存并获得相应的司法保护。然而区块链存证面临着数据格式不一致、技术要求不统一、存证流程不完整等问题，区块链存证的有效性难以得到普遍认可。在此背景下，亟须统一的标准来规范企业区块链存证应用。

二、主要内容

国泰君安直面行业痛点，组织区块链技术骨干及业务专家，结合行业要求和自身情况，制定了《国泰君安区块链电子数据存证标准》的企业标准。

该标准从四个方面进行了充分考虑和设计。一是应用模型有效性设计。该标准应用模型设计充分考虑了存证系统完备、证据有效、证明机构有效等方面，从规范完整的业务流程设计、完善的权限机制、技术机制以及应急机制等方面保障存证业务系统的有效性。二是技术先进性。标准要求系统设计要充分考虑基础环境、软硬件、网络环境的安全性，且系统中应用的所有加密、摘要、签名算法均应支持SM系列算法。三是存证数据完整性设计。标准规定了存证数据定义、传输、验证、检索及隐私保护方面内容，并指出系统可根据不同业务类型定义不同存证数据模板。四是存证流程完整性设计。标准提出了合规性、有效性、可追溯三个方面应用原则，完整定义了存证业务流程的全生命周期并提出了对相关参与方的要求。

三、标准推广与应用

标准自实施以来，已应用于国泰君安的理财、业务办理、官网等场景，为相应业务系统提供了统一存证平台，有利于促进不同平台、不同格式的数据标准统一，实现存证流程规范化运作。国泰君安区块链电子数据存证系统可基于场景定义不同的链式证据模板，并以理财为例设计了登录、产品详情、适当性匹配、签署、下单等关键步骤，形成环环相扣的链式证据，增强了业务系统存证数据的法律效力。同时，通过定义统一的存证公共组件，实现业务快速接入存证应用，将存证业务的开发效率提升60%。此外，系统还提供了规范的存证模板，能够自动按模板检测存证数据的录入，避免不规范或错误数据的录入。目前标准的应用效果良好，每日上链数据5万条，累计数据超百万条。

下一步，国泰君安将在该标准的基础上进一步探索研究区块链存证行业标准，助力标准化真正成为行业数字化转型的推进器，引领行业科技工作健康发展。

第十节 《泰康人寿电子保单业务规范》企业标准应用

2021年8月30日，《泰康人寿电子保单业务规范》（Q/110114MA 009-001—2020）企业标准由泰康人寿保险有限责任公司（以下简称泰康人寿）修订发布。该标准规范了泰康人寿线上保单业务流程，推动线上业务有序发展，对提升保险效率、降低保险成本、便利保险消费者都发挥了重要作用。

一、编制背景

在当前人工智能、大数据等新技术不断应用的背景下，保险行业逐步向“互联网+”的方向发展。通过线上化、智能化的服务，改善消费者体验，保护消费者权益，成为保险公司的重要目标，电子保单业务则是这一目标的重要体现。为此，泰康人寿制定了《泰康人寿电子保单业务规范》企业标准，该标准涵盖自投保至责任终止的新契约全流程，旨在为客户提供高效、便捷、安全的高品质服务，有效提升客户体验。

二、主要内容

泰康人寿根据《信息安全管理体系要求》（GB/T 22080—2016）、《信息安全技术 网络安全等级保护基本要求》（GB/T 22239—2019）、《保险术语》（JR/T 0032—2015）、《保险基础数据元目录》（JR/T 0033—2015）、《保险电子签名技术应用规范》（JR/T 0161—2018）、《保险业密码应用实施方案》（保监发〔2015〕74 号）等相关国家和行业标准以及监管要求，结合本公司电子保单业务实际情况，制定了《泰康人寿电子保单业务规范》企业标准。

该标准规定了人身险电子保单自投保至责任终止的全流程业务和信息安全规范，包括各业务场景下电子保单的实务规范，以及数据、人员信息安全的要求。电子保单实务规范明确了保单从投保至客户查询、使用的新契约全流程业务的要求，涵盖电子投保、电子制单、保险合同变更、归档、理赔、送单、回执、查询、下载和验真共 10 个具体业务场景，并制定了操作要求和注意事项。电子保单信息安全规范主要是对电子保单服务流程中所有涉及系统安全、信息安全等方面进行说明，包含数据信息安全、人员信息安全、安全技术要求三方面的内容。通过采用电子 CA 签章防伪技术，国密 SM2 密钥及 RSA 密钥进行双签加密，生成 PDF 电子保单合同文本，防止保单内容篡改，并支持保单线上验真，为客户提供安全、可靠的高品质服务。

三、标准推广与应用

为推进《电子保单业务规范》企业标准的落地实施，泰康人寿根据《移动展业投保业务管理办法》《集中平台保单打印与递送管理办法》中保单管理规定，依托《泰康人寿保险有限责任公司信息安全管理策略》《信息系统建设安全管理办法》等公司制度，开展标准化的电子保单服务，并要求各部门、分支机构对照文件规定执行，加强电子保单业务规范流程落地及系统建设。在使用率方面，泰康人寿保单业务电子化线上使用率大幅提升，线上投保使用率、线上回执使用率、线上回访使用率、线上理赔使用率、长险电子保单覆盖率均达98%以上，其中短险（获客类）电子保单使用率达100%；在效率方面，电子保单已支持实时发送，发送准确率达100%，99%以上电子保单可在五分钟内收到。

第五章

金融标准化研究

- 跨境支付清算标准体系建设
- 不良资产交易信息披露标准化研究
- 金融业开源治理体系与标准化研究

2021年，金标委以全面提升我国金融标准化发展水平为立足点，紧密结合金融业重点、难点、热点工作和未来发展趋势，围绕金融标准化改革与发展、新型金融标准体系建设、金融标准国际化、金融标准实施、金融标准化基础能力等领域，组织开展金融标准化重点研究课题并完成结项，夯实金融标准化发展理论基础。本章选取跨境支付清算、不良资产交易、开源治理等方面优秀研究成果，为推动金融标准有效支持金融业持续健康发展提供积极参考。

第一节　跨境支付清算标准体系建设①

为制定未来3年到5年跨境支付清算标准体系建设蓝图和高阶实施方案，本课题选取支付清算行业最具代表性的收付电讯体系（SWIFT）、欧美跨境支付清算系统（TARGET2）和纽约清算所银行同业支付系统（CHIPS）进行研究，总结行业优秀经验，并根据金融市场基础设施能力模型，对跨境银行间支付清算有限责任公司（以下简称跨境清算公司）的整体能力进行评估，提出建设企业层面的标准体系、推出多元化的产品和服务、构建成熟的支付基础设施三个重要建设方向，建议采取四项具体举措以支持建设方向的有效落地。

一、支付清结算体系行业研究

（一）SWIFT

SWIFT成立于1974年，是国际银行间非营利性收付电讯运行体系，总部位于比利时，运营包括10多个主要国家货币在内的多币种电文处理系统，连接超过200个国家和地区、超过11000家金融机构，保持每年7.4%的金融交易信息增长率和84亿条的金融交易信息。主营业务主要包括两方面：传输金融报文、建立金融信息标准体系。收入来源以报文传输费、接入及软件收费为主。

① 跨境银行间支付清算有限责任公司课题组成员：许再越、邬向阳、吴晓光、程晓松、刘永生、沈薇薇、张鹏程、段然、张思琪。该研究课题内容仅代表课题组观点。

（二）TARGET2

TARGET2 是大额实时全额支付系统，主要处理与欧元货币政策有关的支付、银行间支付、银行间客户支付以及其他证券结算系统有关的支付，并提供日终结算。参与者覆盖欧洲区的主要信用机构，包括 1050 个直接参与者、697 个间接参与者及全球 4194 家代理银行，连接 24 个欧洲国家的中央银行和 82 个结算辅助系统。参与者通过两种方式接入 TARGET2：一是 SWIFT 接入，二是互联网接入。

（三）CHIPS

CHIPS 是世界上最大的私营美元清算系统，主要处理跨境银行间支付，拥有 43 家参与者，分布在 15 个不同的国家，目前平均每日交易量达到 1.6 万亿美元，占国际美元支付的 96%。连接方式主要有两种：一是通过 SWIFTNet 连接，二是通过 CHIPS 专用网络连接。

二、跨境清算公司现状分析

（一）金融市场基础设施能力模型（以下简称 FMI 能力模型）

该模型是用于评估金融支付基础设施企业最有效的模型，从企业整体层面出发，以能力框架拆分的形式从多个维度对企业进行评估。该模型主要由企业战略、商业模型、能力模型三个部分组成（见图 5-1）。其中，企业战略定义了企业的战略意图和目标；商业模型定义了企业如何创造价值并进入市场；能力模型定义了企业如何构建和提升其能力以实现企业战略和商业模型。

图 5-1 FMI 能力模型

（二）基于 FMI 能力模型对跨境清算公司整体能力的评估

根据 FMI 能力模型并结合上述行业领先实践，从 10 个能力角度对公司的整体能力进行全方位评估，并量化了评估结果（见表 5-1）。

表 5-1　基于 FMI 能力模型对跨境清算公司整体能力的评估结果

领域	能力现状	行业领先实践	达标指数（%）
企业战略	有参与全球化/地区化的支付相关活动，如国际银行营运研讨会（SIBOS）、全球法人识别编码基金会（GLEIF）等，暂时未组织发起过相关活动，在对外（尤其是对外资潜在参与者）的推广上也有待加强	有明确的公司发展战略，市场及企业员工都知晓公司发展战略	25
商业模型	正在建设当前商业模式下的整体标准体系	商业模式多样化，可以从多维度实现业务发展和盈利	25
法规、监督、规则、政策	目前，相关工作较为分散，多个部门分别承担与各自部门相关的规则制定工作	通过白皮书或公众咨询，支持与 FMI 相关的法律要求和发展；参与者有自动报告流程和自动业务监视功能；系统和流程会为适应未来法规而设定	25
支付流程策略、产品策略及开发	核心产品（清结算核心系统）的开发和优化有待加强	行业领先企业在产品升级时，会综合考虑市场的变化趋势、用户需求、业务发展价值等因素，制定综合的产品策略；有明确的市场价值主张和明确的产品路线图；高度可伸缩的应用架构（如微服务）；能力的多源模式（如根据需求选择能力内部构建或外包）	25
产品管理及推广	希望未来将产品由直接参与者向间接参与者延伸，或者可以直接触达间接参与者和潜在参与者	产品的管理和创新都会从公司的战略视角和行业发展需求的角度进行统一的规划和统筹；参与者和潜在参与者都知晓对产品的开发和优化信息	25
参与者接入、服务	参与者接入时涉及多个部门对不同资质的审核，完成资质审核和系统开发的时间都有明确规定；定期对参与者访谈收集反馈意见，并设有参与者社区，比较注重和参与者的互动	行业领先实践都比较注重对参与者的管理和互动，有可以查询到的参与者会议时间，会定期与参与者沟通并收集意见；一些大型项目会以和参与者共创的形式展开	50

续表

领域	能力现状	行业领先实践	达标指数（%）
处理、清算、结算服务	有基本的清结算核心系统及服务；系统并未实现模块化	有灵活的、模块化的系统，并且允许引入新的标准和功能（如 TARGET2 模块化的系统设置，可以让参与者按需选择接入模块，并且利于相关标准的设置）	50
增值服务	目前有部分增值服务如迁移率、交易数量等，制作月度报告免费提供给参与者	为多样的对象提供增值服务，包括运营商、直接/间接参与者、小型参与者或者非参与者；可以通过增值服务扩展业务收入来源，如 SWIFT 运用相关数据给参与者定期提供相关分析报告	25
运营	运行时间为 24×5+4；有经常性的应急演练；没有对自动化的考虑	自动化的应用以降低错误率和重复率	25
技术服务	人民币跨境支付系统（CIPS）目前只有支持基础清结算服务的核心系统；直接参与者都通过专有网络直接连入核心系统；支付清结算核心系统由清算总中心负责开发和优化升级，跨境清算公司承担运维职能	有清晰的应用程序架构，并且可以根据应用程序的生命周期做决策；强有力的商业伙伴关系及多样的资源获取方式；能够垂直和水平扩展的基础设施；企业产品和服务都能实现自主控制、自主开发	25
企业职能	没有明确承担行业推动职能和相关行业新法规的制定工作；定期和参与者保持沟通	与监管机构保持良好沟通，承担行业推动职能，并参与新法规的制定；定期与参与者进行有组织的讨论和磋商（如论坛、理事会）	50
网络	CIPS 系统目前只有单一的专线网络，仅供直接与参与者连接	有可用的替代网络/支持各种网络选项，使非银行参与者可以访问服务，如 TARGET2 和 CHIPS 都有多个网络选项，包括 SWIFT 通路的网络和 Internet Base 的自有网络	50

（三）评估总结

总体上看，跨境清算公司的综合能力基本满足当前的业务需求，但距离行业领先实践有较大差距，仍需提升关键能力：一是在企业战略层面，公司有待树立更为明确的战略化发展目标；二是在商业模型层面，公司目前只有单一的商业模式、市场进入和拓展方式；三是在能力模型层面，未来需要随着业务的发展逐步强化；四是在企业深入发展所需关键能力层面，包括法律、监督、规则和政策，支付流程策略和产品策略开发，产品管理及推广，增值服务，运营，技术服务等有待加强。

（四）建设优先级

一是优先建设参与者接入及服务能力、处理清结算服务能力和增值服务能力。相关能力的提高和标准体系的完善，能够在短期内带来最大的价值，快速实现业务和用户覆盖面的扩展。二是重点建设支付流程策略及产品策略、产品开发、运营和技术服务能力。提升支付基础设施日常运营和服务的相关能力，持续优化系统功能的同时给参与者提供良好的使用体验，有效建设企业生态体系并保证其良好发展。三是长期规划企业战略和商业模型。需要从宏观层面，以长远发展的视角构建企业的核心竞争力。四是持续建设法规、监督、规则和政策，强化企业职能和网络能力。

三、标准体系框架及明细说明

在 FMI 能力模型核心原则的指导下，广泛收集了相关的国际标准、国家标准、行业标准和企业标准，充分参考了与跨境支付相关的通用标准，制定符合跨境清算公司现状并能有效支撑跨境支付清算短期、中期、长期发展的跨境支付清算标准体系。跨境支付清算标准体系由 10 个一级分类构成（见图 5-2），一级分类又延伸出 44 个二级分类和 195 个标准明细。该标准体系与人民币跨境清算标准化工作密切相关，涵盖了产品服务、清结算处理、业务运营和技术服务等方面。

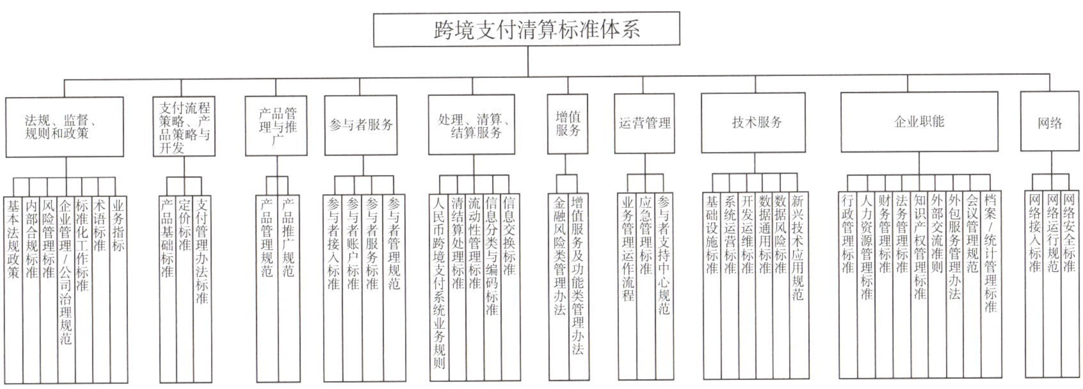

图 5-2　跨境支付清算标准体系框架

（一）法规、监督、规则和政策标准类

该类标准旨在促进跨境清算公司严格遵守国际、国内相关法律法规，发挥基础清算设施的作用，助力我国金融市场高质量发展。二级分类共包括 7 个子类：需要遵循的基本法律法规、内部合规标准、风险管理标准、企业管理/公司治理规范、标准化工作标

准、术语标准、业务指标。

（二）支付流程策略、产品策略与开发标准类

完善该类标准旨在提升业务的安全性、高效性和专业性，更好地服务金融业对外开放和人民币国际化，支持实体经济健康发展。该类标准既包括各产品服务领域通用的标准，又包括支付业务领域专用的标准，可进一步细分为产品基础标准、定价标准、支付管理办法标准 3 个子类。

（三）产品管理与推广标准类

该类标准是为了提升产品在同业市场中的知名度，拓展客户群体，最终实现企业收益的提升。该类标准规范了如何扩大产品在商业推广活动中的市场价值，以产品管理规范和产品推广规范为代表。

（四）参与者服务标准类

该类标准旨在为未来引入更多参与者打下良好基础，同时提升现有参与者满意度和服务效率，巩固和深化与机构参与者间的关系，满足全球参与者多样化需求，可进一步细分为参与者接入标准、参与者账户标准、参与者服务标准、参与者管理规范 4 个子类。

（五）处理、清算、结算服务标准类

该类标准是为了有效支持贸易结算、跨境投融资、跨境个人汇款和金融市场业务资金结算等多种应用场景，可进一步细分为人民币跨境支付系统业务规则、清结算处理标准、信息分类与编码标准、流动性管理标准、信息交换标准 5 个子类。

（六）增值服务标准类

增值服务旨在提供支付清结算核心服务以外的辅助服务，不断延伸 CIPS 系统服务范围，满足系统参与者的差异化服务需求，该类标准可进一步细分为金融风险类管理办法、增值服务及功能类管理办法 2 个子类。

（七）运营管理标准类

运营管理旨在提高跨境清算公司内部业务管理效率和水平，密切围绕公司组织管理部门的标准进行管理指引，该类标准可进一步细分为业务管理运作流程标准、应急管理标准、参与者支持中心规范 3 个子类。

（八）技术服务标准类

该类标准的建立旨在为系统维护、安全管理、数据管理和业务运营等商业流程提供

标准规范，为持续优化 CIPS 系统提供有力技术支撑，可进一步细分为基础设施标准、系统运营标准、开发运维标准、数据通用标准、数据风险标准、新兴技术应用规范 6 个子类。

（九）企业职能标准类

该类标准涵盖企业各职能部门需要遵守的规范和标准，是企业长期发展不可或缺的一部分，可进一步划分为行政管理标准、人力资源管理标准、财务管理标准、法务管理标准、知识产权管理标准、外部交流准则、外包服务管理办法、会议管理规范、档案/统计管理标准 9 个子类。

（十）网络标准类

该类标准能帮助企业更好地建设既独立自主又相互关联的企业间联合体，优化企业内外部信息交换的渠道，对于企业网络化经营有重要的推动作用，具体囊括网络接入标准、网络运行规范、网络安全标准 3 个子类。

四、标准推广策略

（一）落地实施的关键举措

一是在拓展业务范围方面，可以探索跨境零售支付业务，扩大业务覆盖面。二是在生态建设方面，可以通过加强同第三方合作，紧跟“一带一路”战略构建生态。三是在强化核心能力方面，通过优化升级现有的产品服务吸引更多用户。四是在数据服务能力方面，构建一体化数据平台挖掘数据的价值。标准的推广不是一蹴而就的，需要与整体服务相互促进、共同发展。

（二）标准推广路线

结合跨境清算公司的实际情况，依据标准体系的建设和推广策略的构想，通过短期、中期、长期三个阶段的建设，分别从探索跨境零售支付、大力开展生态建设、优化升级产品服务和构建数据平台四个业务维度，实现从“提升品牌国际认知”到“标准持续建设推广”的标准推广路线图（见表 5-2）。

表 5-2 跨境清算公司标准推广路线

业务项目	短期（1~2 年） 提升品牌国际认知	中期（2~3 年） 加强跨国战略合作	长期（3~5 年） 标准持续建设推广
探索跨境零售支付	扩大跨境清算公司直接参与的业务类别和范围	与其他地区支付基础设施连接，加强同行业的战略合作	拓宽业务范围，提供多币种服务，逐步构建全方位覆盖的标准体系
大力开展生态建设	通过三方合作和紧跟“一带一路”战略，提升国际认知度	积极参与人民币支付结算各项生态圈，加强同国际接轨	从参与生态圈转化为建设生态圈，逐步扩展自身主导地位，参与并组织未来行业标准的制定
优化升级产品服务	升级产品和服务，优化系统功能，吸引更多的参与者，扩大影响力及市场覆盖范围	持续挖掘多样的客户需求，通过战略合作共创更加符合行业发展的标准	以平台化的方式让用户积极参与标准的制定及未来系统的升级优化当中
构建数据平台	综合整理分析跨境支付业务场景，完善数据标准建设	逐步推出新的或增强的数据功能，建设参与者易于参与的一体化数据平台以共建数据标准并进行推广	建设全面的数据服务能力，实现数据赋能标准建设及推广

第二节 不良资产交易信息披露标准化研究[①]

随着我国宏观经济增速放缓，考虑到不良贷款认定口径趋严、经济下行压力加大等因素，预计未来几年不良资产处置行业市场规模将持续扩大。与此同时，我国不良资产市场依然存在信息标准化程度低、信息披露不充分、披露渠道碎片化等问题，制约了金融领域不良资产处置能力现代化建设。

在此背景下，建立与我国国情相适应的不良资产信息披露标准体系，既能有效防范和化解国有金融资本风险，又能帮助优质实体企业渡过难关，具有重要的政策和经济意义。

① 北京金融资产交易所有限公司、中央财经大学、东方金诚信用管理（北京）有限公司、中债金融估值中心有限公司课题组成员：王乃祥、郭夂、翟进步、周君、袁麟、程炜、陈光、王雅婧、陆文添。该研究课题内容仅代表课题组观点。

一、我国不良资产信息披露的管理现状和问题

（一）相关制度

1. 不良资产信息披露相关制度

除《公司法》与《证券法》外，我国信息披露法律制度多以部门规章形式呈现。2008 年，财政部和原银监会印发《金融资产管理公司资产处置公告管理办法（修订）》（财金〔2008〕87 号），对资产管理公司（AMC）资产处置公告作出统一管理要求。2012 年，财政部和原银监会印发《金融企业不良资产批量转让管理办法》（财金〔2012〕6 号），要求上市金融企业严格遵守证券交易所有关信息披露的规定，及时充分披露不良资产成因与处置结果等信息。两项办法为建立规范的不良资产处置信息披露体系奠定了基础，但不属于不良资产信息披露的独立制度。

2. 不良资产证券化信息披露的相关制度

2016 年，中国银行间市场交易商协会发布《不良贷款资产支持证券信息披露指引（试行）》（以下简称《指引》），要求受托机构和发起机构披露基础资产总体信息、风险提示等内容。但《指引》主要针对不良资产证券化产品，对广义不良资产交易信息披露不具普适性。

（二）存在的问题

1. 信息披露制度有待进一步细化。现有不良资产信息披露要求分散在相关的法规和规范性文件中，规则仍需进一步细化。

2. 市场信息透明度整体较低，有价值信息少。转让方在转让不良资产时，倾向于仅披露满足监管要求的基础资产信息，导致投资者仍需花费大量时间和资金成本开展尽调和沟通谈判。

3. 信息披露渠道有待整合。当前，仅有约 10% 的交易在不良资产交易场所内进行，不利于投资者方便快捷地获取信息。另外，我国目前尚未对运用互联网处置不良资产的信息披露作出统一的强制性规定，容易产生信息盲点。

4. 缺乏统一的信息披露平台。在缺乏集中统一信息披露平台的情况下，资产转让方需要耗费大量时间和人力来导入资产信息、填写信息披露表格，实际操作存在较大困难。

二、不良资产信息披露的国际经验

（一）相关做法

1. 国际组织方面。2016 年 7 月，巴塞尔委员会印发《问题资产的审慎处理要求——不良资产风险暴露的定义和容忍度指引》，作为银行问题资产的操作指引，为各国不良资产的识别、认定和关键的信息披露提供了统一口径。巴塞尔新资本协议（Basel Ⅱ、Ⅲ）还加强了对违约贷款信用风险和违约损失率的监管和风险管理，提出了内部评级法（IRB），为银行不良资产关键信息的披露以及资产证券化过程中的资产池信息披露提供了框架和有效指引。

2. 美国方面。采用资产重组托管公司（RTC）模式处置不良资产，专设一个用于不良资产交易的市场，根据不良资产的规模、类型、质量、地理分布、期限等方面的特征，对资产进行分类与组合，最终将特征相似的资产组合成一个大资产包，并在拍卖前，将资产组合信息、拍卖程序和条件进行较为公开翔实的披露。

3. 欧洲方面。一些国家将单笔资产的标准数据保存在一个集中式平台上，这个平台可以把来自多家银行的风险敞口进行合并，并保证数据质量。

虽然国际上并没有统一的不良资产信息披露制度或体系，但各国都在努力改善不良资产交易中的信息不对称状况。

（二）存在的问题

1. 各国不良资产数据普遍呈现分散化状态。由于没有明确的信息披露监管政策，相关信息披露依然存在内容不充分和格式不统一问题，直接影响了资产价格的形成机制和公平性。

2. 缺少统一的信息披露和交易平台。由于不良资产具有较强的地域化特征，难以形成统一交易平台，交易集中度低、信息不对称程度高，不利于发挥市场的价格形成机制。

三、信息披露相关理论研究

（一）委托—代理理论

委托—代理理论是指在公司经营管理过程中，因公司所有权与经营权分离而产生的代理人损害委托人利益问题，其发展起源是基于信息不对称理论和激励理论。

在我国不良资产交易市场上，委托—代理问题主要表现为资产转让方处置资产的过程中，既可能会隐瞒不良资产的某些关键信息，也可能表现为资产出售方与购买方关联交易，有损社会公平，存在国有资产流失风险。

通过建设信息披露体系，可以让投资者获取更多有关不良资产的真实情况，从而缓解代理问题，降低交易成本。

（二）差异化信息披露理论

差异化信息披露理论认为，不同投资者在信息需求、获取成本和专业认知方面存在差异，针对不同类型投资者，需要提供不同的信息内容。

通过分层分级的差异化信息披露，在实践中不断调整、完善信息披露指标，可以提高不良资产的标准化属性。另外，为投资者提供更高披露层级的尽调、估值信息，可以满足不同类型投资者差异化信息需求，有利于建设不良资产生态圈。

四、不良资产信息披露标准体系设计

课题组以不良资产信息披露标准为主要研究对象，通过理论研究、市场调研、专家访谈等方式，在选取行业“最大公约数”的基础上，按照重要程度对交易信息进行分层分级，构建了不良资产交易信息披露体系。

（一）基本信息描述规范

对金融企业不良资产交易基本信息作出统一规范，形成支持不良资产交易市场参与人之间沟通交流的标准语言和通用语言（规范参见北金所发布的《不良资产交易基本信息描述规范》）。

（二）分层分级信息披露依据、责任主体

本体系的建立主要依据《金融资产管理公司资产处置管理办法》《不良金融资产处置尽职指引》《金融企业不良资产批量转让管理办法》《指引》《商业银行信息披露办法》《证券期货投资者适当性管理办法》等相关制度和规定。

信息披露责任主体指不良资产交易的参与人，包括但不限于转让方、投资者及为不良资产处置提供服务的中介服务机构，如资产评估机构、律师事务所、会计师事务所、征信机构、拍卖公司等。

（三）分层分级信息披露的标准

1. 分层信息划分依据和标准

按照信息的重要程度，将披露的不良资产交易信息分为三层：第一层信息为资产项目的基本信息，也是监管机构强制要求披露的信息内容，主要为投资者提供不良资产项目的概括性认识；第二层信息为资产包或单笔资产的详细信息，主要为投资者进行投资决策提供判断依据；第三层信息为中介机构提供的尽调估值信息，主要为投资者估算投资成本和选择投资方式提供参考依据。

不良资产交易信息分层包括不良资产信息纵向分层和横向分层两种。

纵向分层指按照不良资产信息重要程度、信息披露成熟程度等指标对披露信息进行划分。其中，不良资产信息重要程度由影响投资者投资决策和投资比重的信息决定。考虑到目前披露信息内容还不完善，可依据专家经验给出（见表5-3）。

表5-3 信息披露纵向分层

层次	信息披露内容	保护等级
第一层	资产包整体信息	低
	参与主体公开信息	
	政府机构和监管机构公开信息	
第二层	资产包特征分布	中
	债务人公开信息和特征分布	
	保证信息	
	抵质押信息和特征分布	
	诉讼信息和特征分布	
	历史回收特征分布	
第三层	尽职调查基本信息	高
	尽职调查结果	
	资产估值流程和方法	
	参与主体相关经验和历史数据	
	回收率预测依据	
	回收率预测及现金流回收预测	

横向分层指按照投资者投资偏好对披露信息进行划分，为投资者提供辅助性参考。确定投资者偏好的依据包括：一是根据现有不良资产交易平台上公布信息的类别整合而成；二是针对投资者偏好设计调查问卷，根据调查结果完善数据项类型（见表5-4）。

表 5-4　披露信息横向分层

投资偏好	划分依据
风险偏好	根据资产包担保信息分布或抵押物、查封物情况划分
地区偏好	根据资产包地区分布划分
行业偏好	根据资产包行业分布划分
规模偏好	根据资产包债权总金额、债权数或债务人数划分
经济性质偏好	根据资产包内债务人经济性质分布划分
时间偏好	根据资产包发布时间、逾期时间或贷款时间划分
债权来源偏好	根据资产包来源银行或 AMC 划分
处置方式偏好	根据资产包处置方式分布划分

2. 分级信息划分依据和标准

根据不同级别的披露信息，将服务项目分为三级：第一级（L1）为投资者提供基础信息展示的服务；第二级（L2）根据投资者的需求，为其提供详细资产信息的个性化服务；第三级（L3）汇聚转让方和中介机构资源，为投资者做决策提供辅助服务。将披露信息内容和信息分层展示进行组合，得到表 5-5。

表 5-5　服务信息

服务项目	服务内容	信息展示层级
基础信息展示服务	包括资产包基础信息、债务人基本信息、转让方和中介服务机构信息等	L1
需求匹配服务	债务人（法人）可以公开的详细信息，抵质押物详细信息、担保详细信息、诉讼详细信息等	L2
	挖掘客户需求，提供相应标的信息	
投资决策辅助服务	转让方和中介服务机构关于不良贷款的历史经验及数据；关于不良贷款已有的尽职调查报告、资产评估报告等；关于不良贷款的回收预测和回收预测依据等	L3
	中介服务机构提供的相应服务，如资产估值、信用鉴定等	

（四）分层分级交易信息披露体系框架

依据《指引》，课题组从资产包整体信息、债权信息、保证信息、抵押信息、质押信息、诉讼信息等方面对信息披露做了相应完善，并进行了信息披露分层设计。

考虑到不同层次的投资者可获取信息的深度和维度存在差异，且不良债权信息数据清单以及资产评估信息中的指标繁多，为使披露数据项更加精准，本文采用定性定量相结合的方式，优化不良资产信息披露体系。

第一步：筛选在现实情况中，与上述指标意义相同的数据项，予以去重。

第二步：利用上述指标设计不良资产信息披露指标筛选调查问卷。被调查者以对不良资产处置的重要程度，以及指标对应的真实数据获取的难易程度为准则，进行专家打分。

第三步：收集问卷整理结果。利用层次分析法（AHP 方法）构建 AHP 判别矩阵，进行一致性检验，得到各类别中指标权重，进而为信息披露的优化提供依据。

（五）资产评估信息披露

参考《资产评估基本准则》和《指引》，结合不良资产尽调业务实践以及不良资产估值模型研究实证经验，从以下三个方面规范资产评估披露信息内容。

1. 尽职调查程序和方法

披露信息为尽调信息，包括尽调目的、尽调时间、尽调参与者、尽调内容、尽调流程、尽调结果、尽调报告，信息展示层级为 L3。

2. 资产估值程序信息

披露信息分为资产评估机构、资产评估信息两大类。

其中，资产评估机构包括评估机构名称、统一社会信用代码、法定代表人、所属地区、经济类型。资产评估信息包括评估报告使用者、评估目的、评估对象和评估范围、价值类型、评估基准日、评估依据、评估假设和使用限制、评估方法、评估结论、评估程序实施过程和情况、评估报告日、评估使用有效期、对评估结论产生影响的特别事项。两类信息展示层级均为 L3。

3. 回收预测依据信息

披露信息分为入池资产预计回收特征、预测回收分布、债权预计回收信息三大类。

其中，入池资产预计回收特征包括预计回收总额、预计回收总额区间、前五大借款人预计总回收金额。预测回收分布包括预测回收率分布表、现金流回收预测表。债权预计回收信息包括债权名称、债权是否零回收、债权是否全回收、债权预计回收金额、债权预计回收金额区间。三类信息展示层级均为 L3。

五、结语

当下，信息披露对提高市场交易效率作用日益突出，而国际上在不良资产交易信息披露方面并没有一致标准。课题组在大量调研基础上，基于委托—代理、差异化信息披露等理论研究提供的启示，选取行业“最大公约数”，建立不良资产分层分级的信息披露体系，希望能为我国构建统一高效的不良资产交易信息披露标准体系提供参考。

第三节　金融业开源治理体系与标准化研究[①]

开放源代码软件（Open Source Software，OSS，以下简称开源软件），是一种任何人都可以任意获取源代码的计算机软件，具备开放、共享、自由等特性。随着金融科技的应用和发展，金融机构逐步将系统架构从集中式转向分布式，开源软件在研发、测试、运维、生产等各个环节得到广泛应用。在获得开源软件应用便利的同时，金融机构也面临着巨大的安全风险。开展金融业开源治理体系与标准化研究，将有利于指导金融机构增强开源软件治理能力，助力开源技术在金融科技发展浪潮中发挥更大价值。

一、开源软件标准化现状

（一）开源软件标准建设情况

在国际标准层面，国际标准化组织（ISO）、国际电工委员会（IEC）、国际电信联盟电信标准化部门（ITU-T）等国际组织和联盟在云计算、大数据、人工智能、区块链等许多领域均制定了相关的标准。

在金融行业标准层面，2020 年，人民银行先后发布《金融科技创新应用测试规范》（JR/T 0198—2020）、《金融科技创新安全通用规范》（JR/T 0199—2020）、《金融科技创新风险监控规范》（JR/T 0120—2020）、《云计算技术金融应用规范　技术架构》（JR/T 0166—2020）、《云计算技术金融应用规范　安全技术要求》（JR/T 0167—2020）、《云计算技术金融应用规范　容灾》（JR/T 0168—2020）等标准，明确了金融科技创新风险的监控框架、对象、流程和机制等，强化了对人工智能、大数据、云计算、区块链、物联网等技术金融应用监管。

① 中国银联、中国农业银行（联合牵头）、中国银行、复旦大学课题组成员：涂晓军、王怡、柴洪峰、叶馥郁、郭为民、赖强、吴杰、李宽、孙权、岳松颂、赵庆杭、张洁、王琪、李玉省。该研究课题内容仅代表课题组观点。

在团体及企业标准层面，已出台的开源软件标准主要针对某个具体的细分领域进行指导和规范。

（二）开源软件应用现状

1. 金融领域应用稳步推进。在应用规模层面，规模差异与企业自身规模、是否面向企业内部的私有服务有关。在应用场景层面，开源软件广泛应用于开发测试快速交付、运维自动化或者基于开源框架组件的开发场景。在应用技术领域层面，操作系统、数据库、分布式缓存、消息队列等成熟的开源技术已在金融机构生产环境中大量使用，并纳入企业整体技术路线框架，还有一些新兴的开源技术已在评测和试用中。在开源软件引入和管理层面，金融机构开源软件引入遵守现有的软件管理流程和规范要求。

2. 重视开源技术的成熟度和可持续性。金融机构非常重视开源软件的技术成熟度，并看重开源软件中长期发展的可持续性。

3. 开源软件定制及服务需求迫切。大部分金融机构具有开源软件定制化的需求，以及针对开源软件的规划设计、产品选型验证等方面的服务需求。

（三）金融业应用开源软件面临的挑战

1. 开源软件许可证限制。开源软件也有相应的版权，即著作权（Copyleft）。不同的开源许可证协议对企业使用开源软件有不同的限制要求，包括商业使用、分发、修改、专利授权、私用、公开源码、放置许可协议与版权信息、使用网络分发、使用相同协议、声明变更、承担责任和使用商标等。

2. 开源软件的安全隐患。虽然开源软件的所有源代码都是公开的，但由于参与开发的人员水平、能力和编码风格各不相同，从而使同一个开源软件不同代码段可能存在质量差异和安全漏洞，更容易被攻击。

3. 开源软件评测体系不完善。与商业软件不同，开源软件内容丰富，且不断推陈出新，实现相似功能的开源软件众多，企业面临如何选择合适开源软件的问题。迫切需要建立一套符合工程化、商业化标准的精准完善的开源软件评测体系，直观高效地对任何一种即将引入的开源软件进行量化评测，提供选型决策依据。

4. 开源软件运维管理难兼容。开源软件在可维护性和易用性方面较差，缺少管理、监控、测试工具等，导致开源软件一直游离在传统管理体系之外。开源软件还具有“集市”化松散开发等特点，导致其与现有系统的标准不统一、接口不一致、互操作性不强。

二、金融业开源软件治理框架体系

基于金融业开源软件管理的研究实践，探索将开源软件融入现有软件管理体系，按照系统化原则使开源治理成为统一、协调、补充、兼容的有机整体。

（一）管理体系和实施框架

开源软件管理体系和框架（Traditional & Open source Software Integrated Management，TOSIM）包括一体化管理体系和开源管理实施框架（见图 5-3）。

1. 一体化管理体系给出了各领域工作模型，是对各领域开源软件管理工作内容和要求的高度概括，从总体上对开源软件管理工作内容、责任进行了分解和落实。

2. 开源管理实施框架由三个层次组成，内层是开源软件五位一体的管理闭环，包括架构管理、项目管理、安全管理、配置管理、运维管理；中层明确了开源软件管理组织、方法和机制、制度和规范、系统与工具；外层从开源软件生命周期的视角，明确了开源软件从规划、评测、引入、使用到管理等全生命周期过程的重要活动。

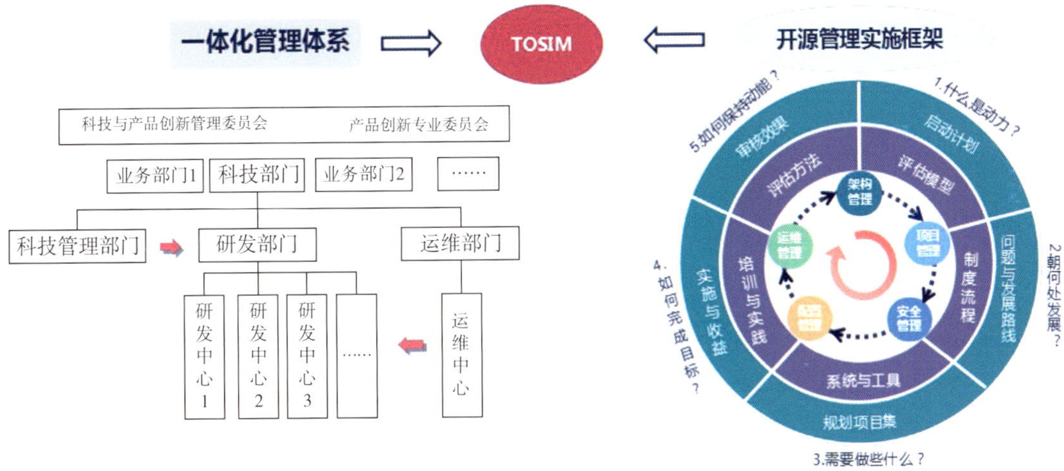

图 5-3　融合传统和开源理念的软件管理体系和实践框架

（二）测评模型与方法

测评模型用于指导金融机构开展开源软件评估与管理工作。一体化评测方法从业务需求及目标入手，优先从可信目录中选择引入开源软件，如可信目录中无合适软件，可根据开源软件使用的成本、研发周期、知识产权、法律合规等约束条件制订评测方案（见图 5-4）。

基于开源软件的应用场景和用途，构建应用系统定级模型、分类模型、风险偏好模型、软件评测模型等，强化评测的综合化与可信性。

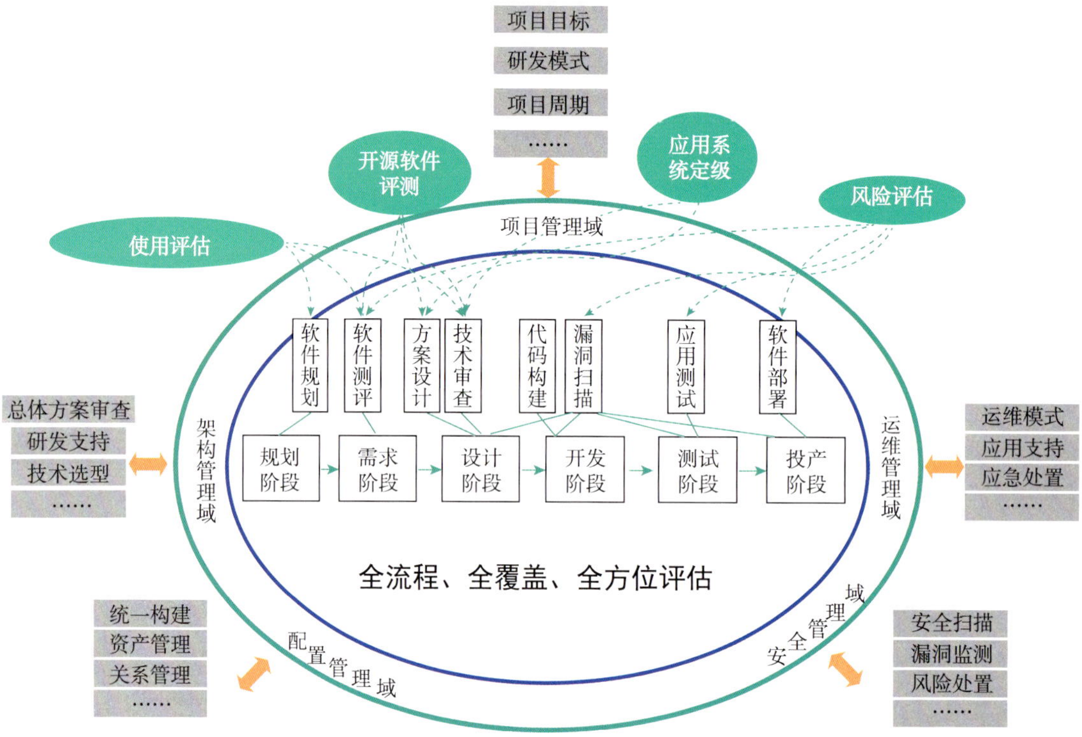

图 5-4　一体化评测方法

三、金融业开源治理标准化研究

（一）开源软件治理标准体系

开源软件治理标准体系具体包括管理标准体系、工作标准体系和技术标准体系。管理标准基于开源软件治理相关的企业内部规章制度进行总结提炼；工作标准是约束开源治理各项活动的具体操作规程；技术标准包含对开源软件治理各环节中关键活动的技术要求和规范（见图 5-5）。

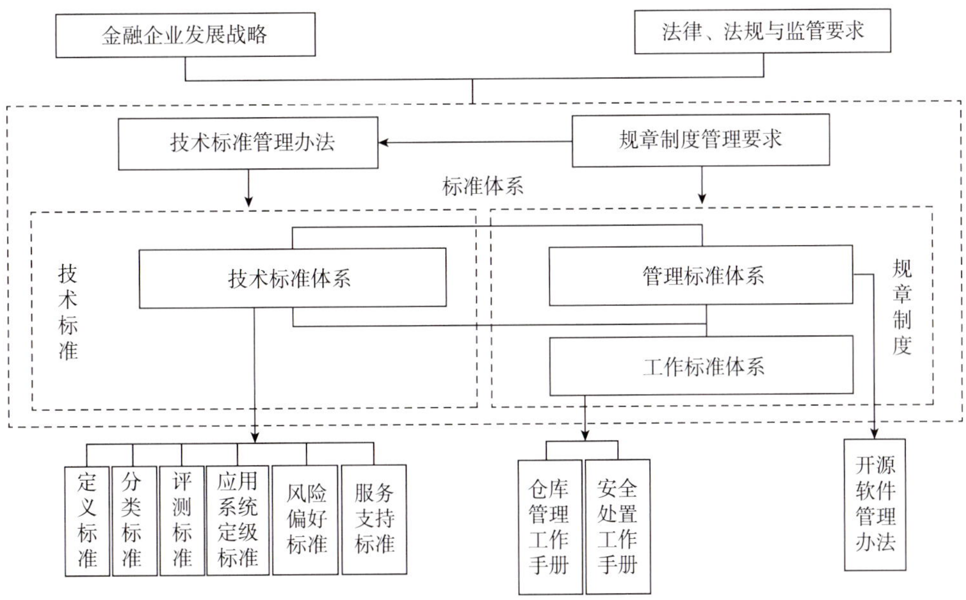

图 5-5　开源治理标准化体系

（二）管理标准体系

管理标准体系涵盖了开源软件规划、准入、实现、部署、运维及日常管理、退出等管理过程，用于规范开源软件管理，落实开源软件安全生产要求，提升开源软件管理规范化水平，明确开源软件管理要求和流程。

（三）工作标准体系

工作标准体系包含开源仓库管理、安全管理两个子类。开源仓库管理在仓库、组件、制品、用户与权限、备份等方面，明确开源仓库管理具体操作规范。安全管理对安全准入、安全使用和安全退出三个阶段安全管理要求进行统一规范。

（四）技术标准体系

技术标准体系覆盖架构管理、项目管理、安全管理、配置管理、运维管理等信息系统生命周期，包括定义、分类、评测、系统定级、风险定级、服务支持等方面的标准。

1. 定义标准。用于指导金融行业识别并定义开源软件，包括基本信息、延伸信息等。

2. 分类标准。依据部署环境、运行模式和风险影响范围对开源软件进行分类管理。

3. 评测标准。标准化评测体系涵盖金融行业开源软件应用需求、开源软件评测模型和服务商评测模型、具体领域开源软件评测模型和规范、开源软件评测工具以及开源软件评测实施五个层次。

4. 应用系统定级标准。从经济效益和社会效益两个维度衡量应用系统重要程度并量化评分。以此为基础结合特定领域特征和实施策略，确定各领域对应用系统的定级。

5. 风险定级标准。风险定级标准包含系统和漏洞两个方面内容。一方面从系统自身因素考虑对风险的容忍程度；另一方面从漏洞角度考虑其可能对系统造成影响的严重程度，形成双向评测机制，综合确定风险容忍度。

6. 服务支持标准。服务支持是开源软件顺利使用和运行的重要保障，服务支持标准包括支持主体、支持类型、支持方式、问题严重程度和响应方式五部分。

四、金融业开源软件应用发展建议

（一）建立健全开源软件相关评测标准

建设金融行业开源软件定义标准，统一开源软件标识，规范开源软件描述和定义。建设金融行业开源软件评测标准，健全符合开源软件特性和金融机构需求的开源软件评测规范体系，指导金融行业开源技术引入及合规安全使用。

（二）掌握核心技术，实现自主可控

加强开源技术的人才培养，尤其是核心开源技术和前沿开源技术方面的人才培养，实现对核心技术、基础技术的研究和掌控，不断提升自主规划、设计、研究、应用、二次开发能力，保障信息系统的稳定运行，实现关键技术的自主可控。

（三）加强前瞻性技术研究

加大对新兴开源技术持续跟踪研究应用，迭代升级金融行业信息技术体系和信息系统架构，持续完善基础设施的功能和业务应用，以适应业务发展变化需求。

（四）加强行业内技术交流与合作

组织成立金融行业开源技术研究和应用工作组，加强金融行业内部的沟通与协作，组织开展联合技术攻关，合力研究和解决开源软件应用过程中的关键技术问题，推进技术成果的开放与共享。

（五）加强开源社区合作

积极参与国际开源社区建设，实现从开源软件使用者到引领者的角色转换。探索在国内建立面向金融行业的开源社区，使代码仓库安全可控、方便管理和访问，降低与国

外开源企业的绑定程度。

（六）树立先进典型发挥示范引领作用

推进开源软件标准化建设，实现开源领域的共享共建，打造金融行业自主可控的基础软件、行业软件，支撑业务的发展与创新。鼓励分享开源软件应用管理最佳实践，促进金融机构更好地向数字化、智能化方向转型。

第六章

2022 年金融标准化工作展望

2022 年，金融标准化工作将以习近平新时代中国特色社会主义思想为指导，深入贯彻党的十九大和十九届历次全会精神，坚持以人民为中心的发展思想，立足新发展阶段，贯彻新发展理念，落实《国家标准化发展纲要》各项部署，做好《金融标准化“十四五”发展规划》实施，为服务金融业高质量发展提供更加坚实有力的标准支撑。

一、做好金融标准化顶层设计

做好《金融标准化“十四五”发展规划》发布及实施。落实标准化法等相关法律法规，增强金融标准的规范引领作用。完善金融行业标准发布模式，优化金融标准管理制度机制。完成第五届金标委换届，优化金标委相关制度和细则，加强金标委在行业标准共建中的统筹协调能力。

推动金融标准供给由政府主导向政府与市场并重转变，进一步优化金融标准供给结构。大力发展金融团体标准，引导社会团体有序制定原创性、高质量标准，规范金融机构参与金融团体标准研制工作，营造金融业团体标准健康发展的良好环境，促进团体标准规范优质发展。推动金融机构探索标准化促进自身发展的路径，健全企业标准体系，提升产品服务质量，开展企业标准自我声明公开，释放市场主体活力。

二、持续优化金融标准体系

健全与金融治理现代化相适配的金融标准体系，推动标准化发展由数量规模型向质量效益型转变。推进银行卡受理终端基本安全要求等强制性国家标准制定，加快自助银行网点服务要求等国家标准发布，推动金融机构更好地满足特殊群体日益增长的金融服务需求。

完善绿色金融标准体系，加强绿色金融标准宣传实施，为金融服务碳达峰、碳中和提供标准支持。加快农村金融服务、消费者保护、适老化等标准供给，助力实现共同富裕。完成《金融服务　生僻字处理指南》行业标准发布实施，引导推动更多金融机构解决信息系统生僻字问题。完善金融科技标准体系，制定金融领域科技伦理、金融科技人才能力规范等金融行业标准。加强金融业网络安全、关键核心技术与基础设施标准体系建设。推进金融数据标准化建设，支持金融数据资源开发利用和开放共享。稳妥推进法定数字货币标准研制，为法定数字货币研发提供良好的技术标准环境，助力法定数字货币稳妥发展。强化金融业开源技术应用标准支撑，提升金融机构开源技术应用质量与效率。

三、强化金融标准实施效益

进一步加大标准实施评估力度，指导金融机构结合自身特色及需求有针对性地开展标准实施工作。健全标准、检测、认证技术链条。持续开展“金融标准　为民利企”主题活动，强化金融标准宣传普及，提高金融机构和社会公众对金融标准的认可度。

面向长三角地区、粤港澳大湾区、成渝双城经济圈开展金融标准创新建设试点，支持国家重大区域发展战略实施。持续开展金融领域企业标准“领跑者”活动，进一步扩展活动范围与规模，激发金融市场主体创新活力，带动提升金融业整体服务质量和标准化水平。

四、推动国内外金融标准协同发展

积极推广应用全球法人识别编码（LEI），落实《全球法人识别编码应用实施路线图（2020—2022 年）》，优化批量赋码、代理注册、代理验证等模式，2022 年底前中国境内持码机构总量达到 10 万个。推进 LEI 在跨境法人数字身份识别、跨境人民币支付等领域应用落地，加强 LEI 与金融基础设施信息系统中相关编码的关联映射，推动可验证 LEI（vLEI）试点。加快跨境法人信息服务和数字认证平台建设，扩大数据增值服务范围，做好中国 LEI 本地系统可持续运营。

全面参与国际标准化组织金融服务技术委员会（ISO/TC68），深度参与国际标准研制，探索提出国际标准提案预研项目。积极参与国际标准化组织可持续金融技术委员会（ISO/TC322），结合国内绿色金融标准体系建设情况，加强国际标准提案预研和储备。深入参与国际电信联盟（ITU）、ISO/IEC/JTC1 等国际组织标准化活动。推动我国金融业通用报文库与国际 ISO 20022 报文库融合。

加强国际金融标准双向转化，加快先进适用国际标准采标，推动国际衍生品编码技术指引采标为金融行业标准。研制银行营业网点服务相关国家标准越南语、柬埔寨语、葡萄牙语版。推进“一带一路”金融标准合作，为沿线国家开展金融标准研制提供建设性经验，支持亚洲金融合作协会研制区域性金融标准。支持外资企业依法参与金融标准化工作，营造开放包容、共建共享的金融标准化环境。

五、完善金融标准化工作生态体系

健全金融国家标准和行业标准的全生命周期管理，为规范化开展标准制定工作提供支撑保障。提升金融标准化工作信息化水平，发展机器可读、开源标准，推动数字化、网络化、智能化转型。加强金融标准化重点研究课题机制建设，制定金融业标准化研究课题管理办法。

引导专业机构更好地满足行业金融标准化服务需求，推动金融标准化服务机构在金融标准化专业服务及 LEI 应用服务上发挥积极作用，探索发展新型金融标准化服务工具和模式。推进金融标准化人才队伍建设，常态化开展金融标准网络直播课堂，多视角、多形式进行金融标准培训宣贯，推进金融业标准化专家库建设。

附　录

- 2021 年中国金融标准化大事记
- 2020 年度金融标准化重点研究课题获奖名单
- 2021 年发布、在建金融标准一览表
- ISO/TC68 及 ISO/TC222 已发布标准一览表

附录 A　2021 年中国金融标准化大事记

2021 年 1 月 22 日，人民银行发布《金融 IT 基础设施数据元》（JR/T 0210—2021）金融行业标准。

2021 年 1 月 27 日至 29 日，全球法人识别编码体系监管委员会召开远程全体会议，人民银行科技司代表参加会议。

2021 年 2 月 2 日，银保监会发布《人身保险业务要素数据规范》（JR/T 0211—2020）、《财产保险业务要素数据规范》（JR/T 0212—2020）金融行业标准。

2021 年 2 月 7 日，人民银行发布《金融信息系统多活技术规范　术语》（JR/T 0207—2021）、《金融信息系统多活技术规范　参考架构》（JR/T 0208—2021）、《金融信息系统多活技术规范　应用策略》（JR/T 0209—2021）金融行业标准。

2021 年 2 月 7 日，金标委金融数据标准工作组召开远程工作会议。

2021 年 2 月 9 日，人民银行发布《金融业数据能力建设指引》（JR/T 0218—2021）金融行业标准。

2021 年 2 月 10 日，人民银行发布《金融网络安全 Web 应用服务安全测试通用规范》（JR/T 0213—2021）、《金融网络安全　网络安全众测实施指南》（JR/T 0214—2021）金融行业标准。

2021 年 3 月 23 日，金标委银行间市场技术标准工作组召开远程工作会议。

2021 年 3 月 26 日，人民银行发布《人工智能算法金融应用评价规范》（JR/T 0221—2021）金融行业标准。

2021 年 4 月 8 日，人民银行发布《金融数据安全　数据生命周期安全规范》（JR/T 0223—2021）金融行业标准。

2021 年 4 月 8 日，中国专家召集制定的 ISO/DTR 7340《金融服务中参考数据分发技术报告》在国际标准化组织金融服务技术委员会信息交换分委会（ISO/TC68/SC9）完成立项。

2021 年 4 月 14 日，中金金融认证中心成为全球法人识别编码（LEI）基金会认可的全球首家 LEI 验证代理数字证书机构。

2021 年 4 月 28 日至 29 日，全球法人识别编码体系监管委员会执行委员会召开远程会议，人民银行科技司代表参加会议。

2021 年 4 月 30 日，中国专家召集制定的《分布式账本技术平台功能测评方法》《分布式账本技术平台性能测评方法》在国际电信联盟第十六研究组（ITU-T SG16）完成立项。

2021 年 5 月 13 日，人民银行、银保监会、证监会联合发布《资产管理产品介绍要素　第 1 部分：银行理财产品》（JR/T 0215.1—2021）、《资产管理产品介绍要素　第 2 部分：证券资产管理计划及相关产品》（JR/T 0215.2—2021）、《资产管理产品介绍要素　第 3 部分：信托产品》（JR/T 0215.3—2021）金融行业标准。

2021 年 5 月 14 日，第四届证券分委会成立大会在京召开。

2021 年 5 月 18 日，证券分委会组织召开专业工作组首席专家第一次工作会议。

2021 年 5 月 28 日，亚洲金融合作协会发布《银行营业网点服务指南》。

2021 年 6 月 11 日，国际标准化组织（ISO）发布 ISO 23195：2021《第三方支付服务信息系统的安全目的》，该标准由中国专家牵头制定。

2021 年 6 月 15 日，证监会发布《证券期货业大数据平台性能测试指引》（JR/T 0206—2021）、《证券期货业结算参与机构编码》（JR/T 0219—2021）、《挂牌公司信息披露电子化规范　第 1 部分：公告分类及分类标准框架》（JR/T 0220.1—2021）、《挂牌公司信息披露电子化规范　第 2 部分：定期报告》（JR/T 0220.2—2021）、《挂牌公司信息披露电子化规范　第 3 部分：临时报告》（JR/T 0220.3—2021）金融行业标准。

2021 年 6 月 22 日至 23 日，全球法人识别编码体系监管委员会召开远程全体会议，人民银行科技司代表参加会议。

2021 年 6 月 23 日，证券分委会在杭州组织召开证券期货业标准化工作培训会议。

2021 年 7 月 1 日，中国的全球法人识别编码（LEI）本地系统运营主体正式由中国金融电子化公司转为北京国家金融标准化研究院有限责任公司。

2021 年 7 月 19 日，中国专家召集制定的 ISO/AWI TR 6083《银行产品服务手册描述指南》在国际标准化组织金融服务技术委员会参考数据分委会（ISO/TC68/SC8）完成立项。

2021 年 7 月 20 日，国家市场监督管理总局、国家标准化管理委员会发布《金融服务 金融业通用报文方案》(共 8 部分) (GB/T 27926—2021)、《银行业应用系统 非功能需求》(共 9 部分) (GB/T 40473—2021)、《银行业应用系统 代码与编码处置指南》(GB/T 40474—2021) 金融国家标准。

2021 年 7 月 20 日，国家市场监督管理总局、国家标准化管理委员会发布首项金融强制性国家标准《人民币现金机具鉴别能力技术规范》(GB 40560—2021)。

2021 年 7 月 22 日，人民银行发布《人民币跨境支付清算信息交换规范》(JR/T 0216—2021)、《支付信息统计分析报文规范》(JR/T 0217—2021)、《金融信息系统加密服务的技术能力评价模型》(JR/T 0222—2021)、《金融机构环境信息披露指南》(JR/T 0227—2021)、《环境权益融资工具》(JR/T 0228—2021)、《债券价格指标产品描述规范》(JR/T 0229—2021)、《债券价格指标产品数据采集规范》(JR/T 0230—2021)、《银行业第三方软件开发工具包 (SDK) 安全接入指南》(JR/T 0231—2021)、《银行互联网渗透测试指南》(JR/T 0232—2021) 金融行业标准。

2021 年 8 月 17 日，国际标准化组织 (ISO) 发布 ISO/TR 32220：2021《可持续金融基本概念和关键倡议》，该文件由中国专家召集制定。

2021 年 8 月 30 日，证监会发布《证券期货业网络安全等级保护基本要求》(JR/T 0060—2021)、《证券期货业网络安全等级保护测评要求》(JR/T 0067—2021) 金融行业标准。

2021 年 9 月 9 日，金标委银行间市场技术标准工作组召开 2021 年线上工作会议。

2021 年 9 月 22 日至 25 日，证券分委会联合资本市场学院举办证券期货业标准化培训科技管理专题培训班。

2021 年 9 月 23 日，金融业生僻字治理工作成果发布会在北京召开。

2021 年 9 月 27 日，人民银行发布《数字函证金融应用安全规范》(JR/T 0234—2021)、《数字函证银行应用数据规范》(JR/T 0235—2021) 金融行业标准。

2021 年 9 月 27 日至 10 月 5 日，国际标准化组织金融服务技术委员会 (ISO/TC68) 召开远程工作会议，我国代表参会。

2021 年 10 月 12 日，金标委中国人民银行安全保卫标准工作组在中国人民银行郑州培训学院举办货币金银及保卫业务培训班。

2021年10月9日，银保监会发布《保险行业网络建设基本规范》（JR/T 0224—2021）、《保险移动应用信息安全基本要求》（JR/T 0225—2021）、《保险行业信息共享平台数据交换规范》（JR/T 0226—2021）金融行业标准。

2021年10月28日至29日，全球法人识别编码体系监管委员会执行委员会召开远程会议，人民银行科技司代表参加会议。

2021年11月2日，证监会发布《证券期货业数据模型　第3部分：证券公司逻辑模型》（JR/T 0176.3—2021）、《证券期货业经营机构内部应用系统日志规范》（JR/T 0233—2021）金融行业标准。

2021年11月8日，金融业通用报文库2021年远程工作会议召开。

2021年11月24日，全球LEI基金会客户关系经理见面会暨2021年度LEI座谈会在北京召开。

2021年12月10日，证券分委会组织召开专业工作组首席专家第二次工作会议。

2021年12月14日，金标委召开2021年远程工作会议。

2021年12月20日，人民银行发布《条码支付互联互通技术规范》（JR/T 0245—2021）金融行业标准。

2021年12月29日，人民银行发布《金融大数据　术语》（JR/T 0236—2021）、《金融从业规范　风险管理》（JR/T 0238.1—2021）、《金融从业规范　外汇交易》（JR/T 0238.2—2021）、《金融从业规范　财富管理》（JR/T 0238.3—2021）、《金融大数据平台总体技术要求》（JR/T 0237—2021）金融行业标准。

2021年12月29日，证监会发布《证券期货业移动互联网应用程序安全检测规范》（JR/T 0240—2021）金融行业标准。

2021年12月31日，国家市场监督管理总局、国家标准化管理委员会发布《银行营业网点　无障碍环境建设规范》（GB/T 41218—2021）金融国家标准。

附录 B　2020 年度金融标准化重点研究课题获奖名单

奖项	题目	课题承担单位
一等奖	跨境支付清算标准体系建设	跨境银行间支付清算有限责任公司
	不良资产交易信息披露标准化研究	北京金融资产交易所有限公司（牵头单位）、中央财经大学、东方金诚信用管理（北京）有限公司、中债金融估值中心有限公司
	金融业开源治理体系与标准化研究	中国银联、中国农业银行（联合牵头）、中国银行、复旦大学
	金融标准化推动绿色投资发展研究：国际经验与中国路径	深圳排放权交易所有限公司（牵头单位）、人民银行深圳市中支、中国标准化研究院、中诚信绿金科技（北京）有限公司
二等奖	开放银行标准体系建设研究	人民银行武汉分行（牵头单位）、武汉众邦银行
	保险业智能化服务知识管理与理赔服务标准的研究与实践	中国人寿保险股份有限公司
	养老金融标准化研究	中国银行
	基于印钞企业人民币智能化制造的标准体系研究	西安印钞有限公司（牵头单位）、中国印钞造币集团有限公司
	金融资产担保品管理标准研究	中央国债登记结算有限责任公司
三等奖	我国金融标准“走出去”的路径探索——基于金融标准国际化工作案例研究	中国金融电子化集团有限公司、人民银行杭州中支（联合牵头）、人民银行济南分行、人民银行南宁中支、人民银行昆明中支、人民银行乌鲁木齐中支、中国农业银行、蚂蚁科技集团股份有限公司、中国外汇交易中心
	债券市场交易报告库数据标准建设研究	上海清算所
	金融业 5G 通信技术应用标准化研究	中国工商银行（牵头单位）、中国银行
	银行间市场数据交换标准体系研究	中国银行间市场交易商协会
	金融标准的语义模型映射研究	中国外汇交易中心（牵头单位）、跨境银行间支付清算有限责任公司、中汇信息技术（上海）有限公司

续表

奖项	题目	课题承担单位
三等奖	中国上市公司年报信息采集标准化研究	深圳市迪博企业风险管理技术有限公司（牵头单位）、中国金融电子化集团有限公司、中债金融估值中心有限公司、惠州城市职业学院
	银行数字化运营规范研究	中国建设银行
	数据标准化在互联网金融风险监测中的应用机制研究	中国互联网金融协会
	中国黄金市场金融标准建设研究	上海黄金交易所
优秀奖	全球法人识别编码在跨境法人数字化身份识别中的应用场景研究	中国金融电子化集团有限公司（牵头单位）、人民银行南京分行、人民银行济南分行、人民银行广州分行、人民银行长沙中支、人民银行海口中支、中国建设银行
	金融业大数据与人工智能技术体系研究	中国工商银行（牵头单位）、华为技术有限公司
	商业银行客户交互行为信息采集标准化研究	中国银行
	金融基础设施客户信息管理标准化研究	中央国债登记结算有限责任公司
	金融基础设施服务质量标准化研究	中央国债登记结算有限责任公司（牵头单位）、中国农业银行
	金融新型可信身份认证标准在银行业的发展研究	中国银行（牵头单位）、中国工商银行
	金融数据安全存储芯片技术标准研究	中国银联（牵头单位）、北京银联金卡科技有限公司、联芸科技有限公司、华为技术有限公司
	银行业高质量发展之ESG指标体系标准化研究	兴业银行
	大数据数据可理解与统一处理模式研究	中国银行
	金融标准落地实施举措和长效机制研究	中国民生银行
	推进金融标准与金融治理融合发展研究	南开大学金融学院
	金融标准加速数字普惠金融建设的探索与实践	人民银行大连市中支（牵头单位）、人民银行广州分行、广东顺德农商银行
	金融业信息技术应用创新基础架构标准体系探索和研究	中国建设银行（牵头单位）、华为技术有限公司
	金融标准化通识教育与人才培养研究——通识教育体系与专业教育体系的构建研究	人民银行济南分行（牵头单位）、人民银行青岛市中支、青岛大学经济学院
	“知识图谱+事理图谱”在金融行业的应用研究	中国建设银行

续表

奖项	题目	课题承担单位
优秀奖	金融网络安全标准体系研究	中金金融认证中心有限公司（牵头单位）、人民银行拉萨中支、山东财经大学、重庆工商大学、中国农业银行、中国邮政储蓄银行、中国网络安全审查技术与认证中心、中国标准化研究院
	金融标准化助推中小银行数字化转型研究	人民银行南京分行（牵头单位）、人民银行南通市中支
	刷脸付深度辨识技术标准的研究与应用	中国银联（牵头单位）、北京银联金卡科技有限公司
	绿色金融标准：跨国综述与对比研究	人民银行西安分行（牵头单位）、人民银行西安分行营业管理部、人民银行铜川市中支
	绿色金融评级评估标准研究	人民银行南昌中支
	标准支撑新技术金融行业应用研究	人民银行营业管理部（牵头单位）、腾讯云计算（北京）有限责任公司
	抗量子密码技术金融应用标准体系研究	中国建设银行（牵头单位）、复旦大学、银联商务股份有限公司、上海扈民区块链科技有限公司
	银行业反洗钱客户信息采集标准化研究	中国建设银行
	疫情引发的特殊时期金融标准化工作思考与建议	人民银行成都分行（牵头单位）、人民银行甘孜州中支、人民银行广元市中支、人民银行资阳市中支、人民银行攀枝花市中支、人民银行自贡市中支
	金融业 XBRL 技术应用标准化研究	中央国债登记结算有限责任公司
	银行业软件测试框架标准化研究	中国工商银行（牵头单位）、中国银行、交通银行
	中小银行机构金融标准化建设研究	北京农村商业银行股份有限公司（牵头单位）、人民银行营业管理部、人民银行乌鲁木齐中支
	PL-COST 银行主数据模型的研究与实践	赣州银行（牵头单位）、安泰神州管理咨询（北京）有限责任公司
	国际金融组织标准对比研究	中国银行
	物联网金融的标准体系研究与探索	中国建设银行（牵头单位）、建信金融科技有限公司
	分布式数字身份技术标准研究	中钞信用卡产业发展有限公司（牵头单位）、中国印钞造币集团有限公司
	国密标准化促进金融信息安全研究	重庆银行

附录 C　2021 年发布、在建金融标准一览表

一、发布金融国家标准、行业标准一览表（截至 2021 年 12 月 31 日）

序号	标准编号	标准名称	类型
1	GB 40560—2021	人民币现金机具鉴别能力技术规范	国家标准
2	GB/T 27926.1—2021	金融服务　金融业通用报文方案　第 1 部分：元模型	国家标准
3	GB/T 27926.2—2021	金融服务　金融业通用报文方案　第 2 部分：UML 概况	国家标准
4	GB/T 27926.3—2021	金融服务　金融业通用报文方案　第 3 部分：建模导则	国家标准
5	GB/T 27926.4—2021	金融服务　金融业通用报文方案　第 4 部分：XML Schema 生成	国家标准
6	GB/T 27926.5—2021	金融服务　金融业通用报文方案　第 5 部分：反向工程	国家标准
7	GB/T 27926.6—2021	金融服务　金融业通用报文方案　第 6 部分：报文传输特性	国家标准
8	GB/T 27926.7—2021	金融服务　金融业通用报文方案　第 7 部分：注册	国家标准
9	GB/T 27926.8—2021	金融服务　金融业通用报文方案　第 8 部分：ASN.1 生成	国家标准
10	GB/T 40473.1—2021	银行业应用系统　非功能需求　第 1 部分：描述框架	国家标准
11	GB/T 40473.2—2021	银行业应用系统　非功能需求　第 2 部分：功能适宜性	国家标准
12	GB/T 40473.3—2021	银行业应用系统　非功能需求　第 3 部分：性能效率	国家标准
13	GB/T 40473.4—2021	银行业应用系统　非功能需求　第 4 部分：兼容性	国家标准
14	GB/T 40473.5—2021	银行业应用系统　非功能需求　第 5 部分：易用性	国家标准
15	GB/T 40473.6—2021	银行业应用系统　非功能需求　第 6 部分：可靠性	国家标准

续表

序号	标准编号	标准名称	类型
16	GB/T 40473. 7—2021	银行业应用系统　非功能需求　第 7 部分：安全性	国家标准
17	GB/T 40473. 8—2021	银行业应用系统　非功能需求　第 8 部分：可维护性	国家标准
18	GB/T 40473. 9—2021	银行业应用系统　非功能需求　第 9 部分：可移植性	国家标准
19	GB/T 40474—2021	银行业应用系统　代码与编码处置指南	国家标准
20	GB/T 41218—2021	银行营业网点　无障碍环境建设规范	国家标准
21	JR/T 0210—2021	金融 IT 基础设施数据元	行业标准
22	JR/T 0211—2020	人身保险业务要素数据规范	行业标准
23	JR/T 0212—2020	财产保险业务要素数据规范	行业标准
24	JR/T 0207—2021	金融信息系统多活技术规范　术语	行业标准
25	JR/T 0208—2021	金融信息系统多活技术规范　参考架构	行业标准
26	JR/T 0209—2021	金融信息系统多活技术规范　应用策略	行业标准
27	JR/T 0218—2021	金融业数据能力建设指引	行业标准
28	JR/T 0214—2021	金融网络安全　网络安全众测实施指南	行业标准
29	JR/T 0213—2021	金融网络安全　Web 应用服务安全测试通用规范	行业标准
30	JR/T 0221—2021	人工智能算法金融应用评价规范	行业标准
31	JR/T 0223—2021	金融数据安全　数据生命周期安全规范	行业标准
32	JR/T 0215. 1—2021	资产管理产品介绍要素　第 1 部分：银行理财产品	行业标准
33	JR/T 0215. 2—2021	资产管理产品介绍要素　第 2 部分：证券资产管理计划及相关产品	行业标准
34	JR/T 0215. 3—2021	资产管理产品介绍要素　第 3 部分：信托产品	行业标准
35	JR/T 0219—2021	证券期货业结算参与机构编码	行业标准
36	JR/T 0206—2021	证券期货业大数据平台性能测试指引	行业标准
37	JR/T 0220. 1—2021	挂牌公司信息披露电子化规范　第 1 部分：公告分类及分类标准框架	行业标准
38	JR/T 0220. 2—2021	挂牌公司信息披露电子化规范　第 2 部分：定期报告	行业标准
39	JR/T 0220. 3—2021	挂牌公司信息披露电子化规范　第 3 部分：临时报告	行业标准
40	JR/T 0229—2021	债券价格指标产品描述规范	行业标准
41	JR/T 0230—2021	债券价格指标产品数据采集规范	行业标准

续表

序号	标准编号	标准名称	类型
42	JR/T 0228—2021	环境权益融资工具	行业标准
43	JR/T 0216—2021	人民币跨境支付清算信息交换规范	行业标准
44	JR/T 0217—2021	支付信息统计分析报文规范	行业标准
45	JR/T 0222—2021	金融信息系统加密服务的技术能力评价模型	行业标准
46	JR/T 0231—2021	银行业第三方软件开发工具包（SDK）安全接入指南	行业标准
47	JR/T 0232—2021	银行互联网渗透测试指南	行业标准
48	JR/T 0227—2021	金融机构环境信息披露指南	行业标准
49	JR/T 0067—2021	证券期货业网络安全等级保护测评要求	行业标准
50	JR/T 0060—2021	证券期货业网络安全等级保护基本要求	行业标准
51	JR/T 0235—2021	数字函证银行应用数据规范	行业标准
52	JR/T 0234—2021	数字函证金融应用安全规范	行业标准
53	JR/T 0226—2021	保险行业信息共享平台数据交换规范	行业标准
54	JR/T 0225—2021	保险移动应用信息安全基本要求	行业标准
55	JR/T 0224—2021	保险行业网络建设基本规范	行业标准
56	JR/T 0176. 3—2021	证券期货业数据模型　第 3 部分：证券公司逻辑模型	行业标准
57	JR/T 0233—2021	证券期货业经营机构内部应用系统日志规范	行业标准
58	JR/T 0245—2021	条码支付互联互通技术规范	行业标准
59	JR/T 0236—2021	金融大数据　术语	行业标准
60	JR/T 0238. 1—2021	金融从业规范　风险管理	行业标准
61	JR/T 0238. 2—2021	金融从业规范　外汇交易	行业标准
62	JR/T 0238. 3—2021	金融从业规范　财富管理	行业标准
63	JR/T 0237—2021	金融大数据平台总体技术要求	行业标准
64	JR/T 0240—2021	证券期货业移动互联网应用程序安全检测规范	行业标准

二、在建金融国家标准、行业标准一览表（截至 2021 年 12 月 31 日）

序号	在建标准名称	类别	进展阶段
1	自助银行网点服务要求	国家标准	报批稿
2	信息处理　磁墨字符识别　第 1 部分：E13B 的印制规范	国家标准	报批稿
3	信息处理　磁墨字符识别　第 2 部分：CMC7 的印制规范	国家标准	报批稿
4	非银行支付机构支付业务设施技术要求	国家标准	报批稿

续表

序号	在建标准名称	类别	进展阶段
5	非银行支付机构支付业务设施检测规范	国家标准	报批稿
6	用于金融服务的公钥基础设施　实施和策略框架	国家标准	报批稿
7	基于文本数据的金融风险防控要求	国家标准	报批稿
8	证券期货业数据安全风险防控　数据分类分级指引	国家标准	报批稿
9	人身保险伤残评定标准及代码	国家标准	报批稿
10	银行业　银行电信报文　商业标识代码	国家标准	报批稿
11	表示货币的代码	国家标准	报批稿
12	金融服务　安全加密设备（零售）第 2 部分：金融交易中设备安全符合性检测清单	国家标准	报批稿
13	金融服务　安全加密设备（零售）第 1 部分：概念、要求和评估方法	国家标准	报批稿
14	金融服务　个人识别码管理与安全　第 4 部分　核准 PIN 加密算法	国家标准	报批稿
15	金融服务个人识别码管理与安全　第 1 部分：基于卡系统的 PIN 基本原则和要求	国家标准	报批稿
16	互联网金融　个人网络消费信贷　信息披露	国家标准	报批稿
17	保险业车型识别编码规则	国家标准	报批稿
18	保险业车型识别编码规则	国家标准	送审稿
19	人身保险伤残评定及代码	国家标准	送审稿
20	金融网络安全威胁信息共享指南	国家标准	送审稿
21	债券价格指标产品描述规范	国家标准	送审稿
22	互联网金融　个人身份识别技术要求	国家标准	送审稿
23	互联网金融智能风险防控技术要求	国家标准	送审稿
24	金融服务　全球机构法律形式	国家标准	送审稿
25	金融服务　全球法人识别编码　第 1 部分：编码说明	国家标准	送审稿
26	金融服务中基于 Web 服务的应用程序编程接口技术规范	国家标准	送审稿
27	固定收益证券利息核算规范	国家标准	送审稿
28	债券价格指标产品数据采集规范	国家标准	送审稿
29	证券及相关金融工具　金融工具分类（CFI 编码）	国家标准	征求意见稿
30	金融机构风险管理　术语	国家标准	征求意见稿
31	金融机构风险管理　框架	国家标准	征求意见稿
32	金融信息化术语	国家标准	征求意见稿
33	金融服务采用对称加密技术进行报文鉴别的要求	国家标准	征求意见稿
34	金融信息服务产品描述规范	国家标准	征求意见稿

续表

序号	在建标准名称	类别	进展阶段
35	金融数据跨境安全要求	国家标准	征求意见稿
36	个人金融信息保护指南	国家标准	征求意见稿
37	金融信息系统网络安全风险评估规范	国家标准	征求意见稿
38	互联网金融　统计指标体系	国家标准	征求意见稿
39	保险消费投诉处理规范	国家标准	征求意见稿
40	银行及相关金融服务　基于 AES 的密钥封装	国家标准	征求意见稿
41	绿色金融术语	国家标准	征求意见稿
42	基于文本数据的金融风险防控　知识图谱构建技术框架指南	国家标准	征求意见稿
43	金融行业开源软件测评规范	国家标准	征求意见稿
44	保险机构投诉处理规范	国家标准	征求意见稿
45	银行卡受理终端基本安全要求	国家标准	草案稿
46	互联网金融　个人网联消费信贷　贷后催收风控指引	国家标准	草案稿
47	金融服务　密钥管理（零售）第 2 部分：对称密码及其密钥管理和生命周期	国家标准	草案稿
48	金融服务　唯一交易识别码	国家标准	草案稿
49	证券期货业数据模型　第 4 部分：基金公司逻辑模型	行业标准	发布稿
50	证券期货业移动互联网应用程序安全检测规范	行业标准	发布稿
51	中国金融移动支付　应用基础　第 1 部分：术语	行业标准	报批稿
52	中国金融移动支付　应用基础　第 2 部分：机构代码	行业标准	报批稿
53	中国金融移动支付　应用基础　第 3 部分：支付应用标识符	行业标准	报批稿
54	中国金融移动支付　应用基础　第 4 部分：支付账户介质识别码	行业标准	报批稿
55	中国金融移动支付　安全单元　第 1 部分：通用技术要求	行业标准	报批稿
56	中国金融移动支付　安全单元　第 2 部分：多应用管理规范	行业标准	报批稿
57	中国金融移动支付　非接触式接口规范	行业标准	报批稿
58	中国金融移动支付　受理终端技术要求	行业标准	报批稿
59	中国金融移动支付　应用安全规范	行业标准	报批稿
60	中国金融移动支付　可信服务管理技术规范	行业标准	报批稿
61	中国金融移动支付　检测规范　第 1 部分：移动终端非接触式接口	行业标准	报批稿

续表

序号	在建标准名称	类别	进展阶段
62	中国金融移动支付　检测规范　第 2 部分：安全芯片	行业标准	报批稿
63	中国金融移动支付　检测规范　第 3 部分：客户端软件	行业标准	报批稿
64	中国金融移动支付　检测规范　第 4 部分：安全单元（SE）应用管理终端	行业标准	报批稿
65	中国金融移动支付　检测规范　第 5 部分：安全单元（SE）	行业标准	报批稿
66	中国金融移动支付　检测规范　第 7 部分：可信服务管理系统	行业标准	报批稿
67	中国金融移动支付　检测规范　第 9 部分：嵌入式应用软件	行业标准	报批稿
68	信贷资产证券化标准合同文本	行业标准	报批稿
69	债券市场非金融企业压力测试工作规范	行业标准	报批稿
70	非金融企业债务融资工具公开发行注册业务规范	行业标准	报批稿
71	非金融企业债务融资工具公开发行注册信息披露规范	行业标准	报批稿
72	非金融企业债务融资工具定向发行注册业务规范	行业标准	报批稿
73	非金融企业债务融资工具定向发行注册信息披露规范	行业标准	报批稿
74	企业资产证券化注册发行业务规范	行业标准	报批稿
75	企业资产证券化信息披露规范	行业标准	报批稿
76	非金融企业债务融资工具簿记建档业务规范	行业标准	报批稿
77	境外非金融企业债务融资工具业务规范	行业标准	报批稿
78	机器学习金融应用技术指引	行业标准	报批稿
79	银行业业务模型建模指南（5 部分）	行业标准	报批稿
80	债券发行招标与中标处理规范	行业标准	报批稿
81	银行业普惠金融业务数字化模式规范	行业标准	报批稿
82	票据市场　商业汇票基础数据元	行业标准	报批稿
83	证券期货业机构内部接口　资产管理投资交易	行业标准	报批稿
84	证券期货业机构内部接口　资产管理估值核算	行业标准	报批稿
85	证券期货业机构内部接口　证券交易	行业标准	报批稿
86	证券期货业机构内部接口　账户管理	行业标准	报批稿
87	证券期货业机构内部接口　资讯数据	行业标准	报批稿
88	场外通用传输接口	行业标准	报批稿
89	证券期货业场外业务资金服务接口	行业标准	报批稿
90	公开募集证券投资基金信息披露电子化规范	行业标准	报批稿

续表

序号	在建标准名称	类别	进展阶段
91	证券市场交易结算资金监控数据接口　第 1 部分：证券公司	行业标准	报批稿
92	证券市场交易结算资金监控数据接口　第 2 部分：商业银行	行业标准	报批稿
93	证券期货业数据安全管理与保护指引	行业标准	报批稿
94	证券期货业信息技术服务连续性管理指南	行业标准	报批稿
95	证券公司客户信息交换规范	行业标准	报批稿
96	证券经营机构投资者适当性管理　投资者评估数据规范	行业标准	报批稿
97	碳金融产品	行业标准	报批稿
98	绿色私募股权投资基金投资运作指南	行业标准	报批稿
99	证券业登记结算核心术语	行业标准	报批稿
100	面向老年人的证券期货业移动互联网应用程序设计规范	行业标准	报批稿
101	面向老年人的证券期货业移动互联网应用程序设计检测规范	行业标准	报批稿
102	商业健康保险疾病代码	行业标准	报批稿
103	商业健康保险手术代码	行业标准	报批稿
104	电子保单商用密码应用规范	行业标准	报批稿
105	再保险数据交换标准	行业标准	报批稿
106	不宜流通人民币　纸币	行业标准	送审稿
107	金融科技人才能力规范	行业标准	送审稿
108	人民币支付清算信息交换规范	行业标准	送审稿
109	银行间市场外汇交易报告数据	行业标准	送审稿
110	银行业软件测试环境管理规范	行业标准	送审稿
111	聚合支付安全技术规范	行业标准	送审稿
112	支付受理终端注册数据规范	行业标准	送审稿
113	集团客户识别与认定规范	行业标准	送审稿
114	人脸识别线下支付安全应用技术规范	行业标准	送审稿
115	条码支付安全技术规范	行业标准	送审稿
116	条码支付受理终端技术规范	行业标准	送审稿
117	基于分散密钥的数字证书认证技术规范	行业标准	送审稿
118	金融行业信息系统商用密码应用　测评要求	行业标准	送审稿
119	金融行业信息系统商用密码应用　测评过程指南	行业标准	送审稿
120	金融行业信息系统商用密码应用　基本要求	行业标准	送审稿

续表

序号	在建标准名称	类别	进展阶段
121	便民缴费金融应用技术规范	行业标准	送审稿
122	云计算金融行业应用检测规范　容灾	行业标准	送审稿
123	云计算技术金融应用检测规范　安全技术要求	行业标准	送审稿
124	绿色债券信用评级规范	行业标准	送审稿
125	金融科技术语	行业标准	送审稿
126	金融机构企业标准体系建设指南	行业标准	送审稿
127	云计算技术金融应用检测规范　技术架构	行业标准	送审稿
128	金融网络安全　信息科技外包评价指标数据元	行业标准	送审稿
129	银行间市场交易后数据规范	行业标准	送审稿
130	金融分布式账本技术应用　技术参考架构	行业标准	送审稿
131	金融 IT 基础设施　金融业数据中心能力建设指引	行业标准	送审稿
132	金融数据中心容灾建设指引	行业标准	送审稿
133	金融业信息基础设施运行指标体系	行业标准	送审稿
134	银行间市场交易后处理业务规范（3 部分）	行业标准	送审稿
135	银行间市场交易后处理技术规范	行业标准	送审稿
136	中国金融移动支付　支付标记化技术规范	行业标准	送审稿
137	个人借款人风险管理规范	行业标准	送审稿
138	银行业会计凭证基本信息描述规范	行业标准	送审稿
139	银行与合作方业务数据一致性处理规范	行业标准	送审稿
140	金融机具接入架构及驱动接口标准（12 部分）	行业标准	送审稿
141	金融领域电子单证应用技术规范	行业标准	送审稿
142	商业银行理财业务和理财产品信息披露规范	行业标准	送审稿
143	银行业理财信息登记数据元	行业标准	送审稿
144	证券期货业第三方交易系统接入技术管理规范	行业标准	送审稿
145	证券期货业云技术应用安全规范	行业标准	送审稿
146	证券期货业信息安全运营管理指南	行业标准	送审稿
147	证券期货业信息系统渗透测试指南	行业标准	送审稿
148	证券期货业信息技术架构管理指南	行业标准	送审稿
149	证券期货业数据模型　第 5 部分：期货公司逻辑模型	行业标准	送审稿
150	上市公司环境信息披露指南	行业标准	送审稿
151	远程音视频手机银行技术规范	行业标准	征求意见稿
152	移动金融 App 无障碍服务规范	行业标准	征求意见稿

续表

序号	在建标准名称	类别	进展阶段
153	金融市场交易报告数据要素指南　第 1 部分：唯一产品标识	行业标准	征求意见稿
154	金融市场交易报告数据要素指南　第 2 部分：唯一交易标识	行业标准	征求意见稿
155	金融市场交易报告数据要素指南　第 3 部分：其他关键数据要素	行业标准	征求意见稿
156	移动证书应用技术规范	行业标准	征求意见稿
157	银行间市场软件构件规范	行业标准	征求意见稿
158	银行间市场软件构件评估规范	行业标准	征求意见稿
159	金融网络安全　网络安全运营中心建设指南	行业标准	征求意见稿
160	金融网络安全　信息基础设施网络安全防御技术框架建设指南	行业标准	征求意见稿
161	金融服务　生僻字处理指南	行业标准	征求意见稿
162	金融领域科技伦理指引	行业标准	征求意见稿
163	金融业办公信息系统基本要求	行业标准	征求意见稿
164	电子银行卡技术要求	行业标准	征求意见稿
165	金融数据安全　数据安全评估规范	行业标准	征求意见稿
166	票据市场　商业汇票业务信息模型规范	行业标准	征求意见稿
167	个人征信电子授权安全技术要求	行业标准	征求意见稿
168	证券期货业身份鉴别等级	行业标准	征求意见稿
169	证券基金经营机构即时通信接口规范	行业标准	征求意见稿
170	期货公司监管数据采集规范	行业标准	征求意见稿
171	证券市场投资者法律保护环境评价指标体系	行业标准	征求意见稿
172	证券期货经营机构信息系统备份能力规范	行业标准	征求意见稿
173	证券公司核心交易系统技术指标	行业标准	征求意见稿
174	期货经纪合同要素	行业标准	征求意见稿
175	期货公司投资者适当性双录话术指南	行业标准	征求意见稿
176	保险业信息系统灾难恢复管理规范	行业标准	征求意见稿
177	地震巨灾保险模型建设规范	行业标准	征求意见稿
178	保险业 IT 服务管理基本规范	行业标准	征求意见稿
179	保险行业区块链应用规范　再保险	行业标准	征求意见稿
180	保险行业区块链应用规范　数字保单	行业标准	征求意见稿
181	银（邮）保通接口标准	行业标准	征求意见稿
182	保险资管产品股权投资计划数据标准	行业标准	征求意见稿

续表

序号	在建标准名称	类别	进展阶段
183	保险资管产品债权投资计划数据标准	行业标准	征求意见稿
184	保险标准化工作指南	行业标准	征求意见稿
185	保险业信息系统应急预案编制基本规范	行业标准	征求意见稿
186	寿险公司柜面服务规范	行业标准	征求意见稿
187	债券担保品管理流程技术规范	行业标准	草案稿
188	银行产品服务内部基本过程与活动管理指南	行业标准	草案稿
189	银行间市场债券产品信息披露操作流程及格式审核规范	行业标准	草案稿
190	银行间市场债券产品信息披露操作流程及格式审核规范	行业标准	草案稿
191	金融行业信息系统技术风险管理指南	行业标准	草案稿
192	互联网金融 个体网络借贷 电子合同技术规范	行业标准	草案稿
193	互联网金融 信息披露 个体网络借贷	行业标准	草案稿
194	互联网金融个体网络借贷 借贷 合同要素	行业标准	草案稿
195	支付敏感信息的格式保留加密方法	行业标准	草案稿
196	支付系统行号编码及相关属性规范	行业标准	草案稿
197	金融业数据中心智能运维规范	行业标准	草案稿
198	金融业上云指引	行业标准	草案稿
199	银行业组件化应用系统测试规范	行业标准	草案稿
200	金融机构 ICT 供应链安全风险管理指南	行业标准	草案稿
201	分布式账本贸易金融规范	行业标准	草案稿
202	金融消费者投诉统计分类及编码 非银行支付机构	行业标准	草案稿
203	企业基本存款账户服务指南	行业标准	草案稿
204	供应链金融业务技术指南	行业标准	草案稿
205	中国金融集成电路（IC）卡检测规范	行业标准	草案稿
206	计算机视觉金融应用技术指南	行业标准	草案稿
207	电力数据金融应用指南	行业标准	草案稿
208	网上银行系统安全性测试规范	行业标准	草案稿
209	金融系统应用 后量子密码技术指南	行业标准	草案稿
210	金融分布式账本技术互联互通规范	行业标准	草案稿
211	非金融企业债务融资工具存续期信息披露要求	行业标准	草案稿
212	跨境支付清算基础数据元	行业标准	草案稿
213	银行间市场数据质量评估指南	行业标准	草案稿
214	银行间市场数据脱敏技术评估规范	行业标准	草案稿
215	银行间市场数据分级分类实施指南	行业标准	草案稿

续表

序号	在建标准名称	类别	进展阶段
216	金融分布式身份统一参考模型	行业标准	草案稿
217	金融业机器人流程自动化技术应用指南	行业标准	草案稿
218	分布式数据库技术金融应用规范　接口要求	行业标准	草案稿
219	分布式数据库技术金融应用规范　测试要求	行业标准	草案稿
220	分布式数据库技术金融应用规范　开发设计要求	行业标准	草案稿
221	基金公司与托管行间托管业务数据交换协议	行业标准	草案稿
222	证券期货业网络安全事件应急演练指南	行业标准	草案稿
223	上市公司公告电子化规范　第 1 部分：公告分类	行业标准	草案稿
224	上市公司公告电子化规范　第 2 部分：首次披露	行业标准	草案稿
225	上市公司公告电子化规范　第 3 部分：交易类临时公告	行业标准	草案稿
226	上市公司公告电子化规范　第 4 部分：公司治理类临时公告	行业标准	草案稿
227	上市公司公告电子化规范　第 5 部分：权益变动类临时公告	行业标准	草案稿
228	上市公司公告电子化规范　第 6 部分：融资类临时公告	行业标准	草案稿
229	上市公司公告电子化规范　第 7 部分：其他临时公告	行业标准	草案稿
230	上市公司公告电子化规范　第 8 部分：定期报告	行业标准	草案稿
231	面向大数据应用的证券期货业外部数据规范	行业标准	草案稿
232	证券基金经营机构运维自动化能力成熟度规范	行业标准	草案稿
233	证券期货业信息系统密码技术应用指引	行业标准	草案稿
234	区域性股权市场跨链技术规范	行业标准	草案稿
235	区域性股权市场跨链数据规范	行业标准	草案稿
236	区域性股权市场跨链认证安全规范	行业标准	草案稿
237	区域性股权市场区块链通用基础设施通信指南	行业标准	草案稿
238	投资研究时序数据参考模型	行业标准	草案稿
239	证券期货业互联网应用程序接口安全规范	行业标准	草案稿
240	证券公司与资产管理产品管理人及服务机构间对账数据接口	行业标准	草案稿
241	证券发行人信息披露文件编码规则	行业标准	草案稿
242	私募 FOF 底层基金数据传输规范	行业标准	草案稿
243	证券期货业基础数据元规范　第 1 部分：基础数据元	行业标准	草案稿
244	证券期货业基础数据元规范　第 2 部分：基础代码	行业标准	草案稿
245	上市公司行业统计分类	行业标准	草案稿

续表

序号	在建标准名称	类别	进展阶段
246	保险公司统计分析指标体系规范	行业标准	草案稿
247	InSAR 技术保险防灾防损服务应用标准	行业标准	草案稿
248	城市内涝监测预警信息保险应用标准	行业标准	草案稿
249	保险业信息系统运行维护工作规范	行业标准	草案稿
250	保险业信息化绩效评价指标体系规范	行业标准	草案稿
251	石油石化巨灾保险数据采集规范	行业标准	草案稿
252	巨灾保险数据采集规范	行业标准	草案稿
253	保险行业机构代码编码规范	行业标准	草案稿
254	保险产品命名基本规范	行业标准	草案稿
255	寿险公司新契约回访服务基本规范	行业标准	草案稿
256	App 保单服务适老化体验标准	行业标准	草案稿
257	人身保险增值服务体系规范	行业标准	草案稿
258	保险高质量理赔运营监控指标体系	行业标准	草案稿
259	联邦学习在保险客户隐私数据保护领域应用技术规范	行业标准	草案稿
260	保险行业常用汽车零配件术语	行业标准	草案稿
261	保险行业常用汽车零配件分类与编码	行业标准	草案稿
262	保险私募基金数据标准	行业标准	草案稿
263	保险资管股票投资类数据标准	行业标准	草案稿
264	组合类保险资产管理产品数据标准	行业标准	草案稿
265	资产管理产品介绍要素　第 4 部分：保险资产管理产品	行业标准	草案稿

三、全国团体标准信息平台公开金融团体标准一览表（截至 2021 年 12 月 31 日）

序号	团体名称	标准编号	标准名称	发布日期	公布日期
1	浙江省金融学会	T/ZJFS 004—2021	绿色低碳融资项目评价规范	2021/12/28	2021/12/29
2	浙江省金融学会	T/ZJFS 005—2021	银行个人碳账户管理规范	2021/12/28	2021/12/29
3	河北省金融学会	T/HBPFS 001—2021	基于 5G 切片技术的敏捷银行服务规范	2021/12/16	2021/12/22
4	河南省金融学会	T/HFS 001—2021	商业银行绿色项目贷款环境与社会风险管理规范	2021/12/21	2021/12/22
5	江西省金融学会	T/JXSFB 001—2021	金融行业态势感知与信息共享平台　数据接入与信息共享标准	2021/12/15	2021/12/22
6	中国银行业协会	T/CBA 214—2021	银行函证服务平台　运营规则	2021/12/18	2021/12/20
7	四川省支付清算协会	T/PCAC0001—2021	四川省移动金融客户端应用软件无障碍服务标准	2021/12/7	2021/12/14
8	北京金融科技产业联盟	T/BFIA 008—2021	金融业数据能力量化评价规范	2021/12/2	2021/12/9
9	北京金融科技产业联盟	T/BFIA 007—2021	金融安全芯片中央处理器安全技术规范	2021/12/2	2021/12/9
10	北京金融科技产业联盟	T/BFIA 006—2021	“领跑者”标准评价要求　商业银行应用程序接口服务	2021/12/2	2021/12/9
11	安徽省金融学会	T/AHSFS 001—2021	长三角征信链征信一体化服务规范	2021/12/4	2021/12/8
12	浙江省金融学会	T/ZJFS 003—2021	长三角征信链征信一体化服务规范	2021/12/4	2021/12/8
13	上海市金融学会	T/SHFS 001—2021	长三角征信链征信一体化服务规范	2021/12/4	2021/12/7
14	湘潭市金融学会	T/XTFS 001—2021	湘潭市金融支持绿色低碳发展先行示范实施指南	2021/12/3	2021/12/6
15	江苏省金融学会	T/JPSFFB 001—2021	长三角征信链征信一体化服务规范	2021/12/4	2021/12/6

续表

序号	团体名称	标准编号	标准名称	发布日期	公布日期
16	郴州市金融学会	T/CZFS 001—2021	乡村振兴 便民现金服务站规范	2021/11/23	2021/11/24
17	浙江省金融学会	T/ZJFS 002—2021	小微企业信用保证基金运行规范	2021/11/8	2021/11/11
18	浙江省金融学会	T/ZJFS 001—2021	林权抵（质）押贷款工作规范	2021/11/8	2021/11/10
19	广东省金融科技学会	T/GDJR 002—2021	商业银行个人理财销售专区录音录像规范 第二部分：拍摄场景	2021/11/8	2021/11/8
20	广东省金融科技学会	T/GDJR 001—2021	商业银行个人理财销售专区录音录像规范 第一部分：告示牌设计	2021/11/8	2021/11/8
21	盐城市金融学会	T/YCJRXH 001—2021	盐城市商业银行适老化工作指南	2021/9/24	2021/10/21
22	永州市金融学会	T/YZFS 001—2021	永州市新设银行机构加入人民银行科技服务管理规范	2021/10/11	2021/10/11
23	晋城市金融学会	T/JCCFS 0001—2021	信用户信用村评价指南	2021/9/30	2021/10/7
24	中国银行业协会	T/CBA 220—2021	远程银行人工智能客服评价指标规范	2021/9/16	2021/9/22
25	湖南省金融消费权益保护协会	T/HFCPA 001—2021	金融消费权益保护标准化网点评定规范	2021/9/17	2021/9/17
26	中国银行业协会	T/CBA 210—2021	银行函证服务平台 接入要求	2021/9/6	2021/9/7
27	中国银行业协会	T/CBA 1—2021	中国银行业协会团体标准化文件的结构和起草规则	2021/8/26	2021/8/30
28	中国银行业协会	T/CBA 101—2019	银医服务接口技术规范	2019/8/27	2021/8/20
29	中国银行业协会	T/CBA 102—2019	商户 MIS 与金融支付服务的应用层报文接口规范	2019/8/27	2021/8/20
30	中国银行业协会	T/CBA 103—2021	银行管理会计运营成本分摊方法指南	2021/4/23	2021/8/20
31	中国银行业协会	T/CBA 203—2019	银行中间业务产品分类与代码	2019/9/5	2021/8/20

续表

序号	团体名称	标准编号	标准名称	发布日期	公布日期
32	中国银行业协会	T/CBA 204—2019	远程银行客户服务与经营规范	2019/11/21	2021/8/20
33	中国银行业协会	T/CBA 205—2020	村镇银行评价指标体系	2020/3/18	2021/8/20
34	中国银行业协会	T/CBA 206—2020	银行业金融机构企业标准体系建设指南	2020/8/18	2021/8/20
35	中国银行业协会	T/CBA 207—2020	银行产品服务手册描述指南	2020/10/12	2021/8/20
36	中国银行业协会	T/CBA 208—2020	文档版本标记	2020/11/16	2021/8/20
37	中国银行业协会	T/CBA 209—2021	多智能终端互动的服务渠道模式指南	2021/6/8	2021/8/20
38	南通市银行卡业协会	T/NTBCA 002—2021	南通市金融服务适老化工作规范	2021/8/3	2021/8/4
39	山西省金融学会	T/SXPFS 0002—2021	小额支付系统支票截留业务影像交换技术规范	2021/7/27	2021/7/30
40	无锡市金融学会	T/WXJRXH 003—2021	基于区块链的电子存证应用规范	2021/7/26	2021/7/27
41	无锡市金融学会	T/WXJRXH 002—2021	老年人智能服务应用标准	2021/7/26	2021/7/27
42	无锡市金融学会	T/WXJRXH 001—2021	无锡地区金融科技发展指标	2021/7/26	2021/7/27
43	丽水市金融学会	T/LSFS 4—2021	农村土地流转经营权抵押贷款工作规范	2021/6/15	2021/7/14
44	丽水市金融学会	T/LSFS 3.2—2021	林权抵（质）押贷款工作规范　第2部分：公益林补偿收益权	2021/6/15	2021/7/14
45	丽水市金融学会	T/LSFS 3.1—2021	林权抵（质）押贷款工作规范　第1部分：林木所有权/使用权、林地使用权和林地经营权	2021/6/15	2021/7/14
46	丽水市金融学会	T/LSFS 2—2021	村级互助担保组织工作规范	2021/6/15	2021/7/14
47	中国互联网金融协会	T/NIFA 10—2021	供应链金融　监管仓业务规范	2021/7/13	2021/7/14
48	中国互联网金融协会	T/NIFA 9—2021	移动金融客户端应用软件安全检测规范	2021/4/22	2021/7/14

续表

序号	团体名称	标准编号	标准名称	发布日期	公布日期
49	中国互联网金融协会	T/NIFA 8—2021	金融行业开源软件服务商评测规范	2021/4/22	2021/7/14
50	中国互联网金融协会	T/NIFA 7—2021	金融行业开源软件评测规范	2021/4/22	2021/7/14
51	天津市互联网金融协会	T/TJIFA 002—2021	政府和社会资本合作（PPP）资产交易规则	2021/7/1	2021/7/5
52	丽水市金融学会	T/LSFS 1.3—2021	乡村振兴金融服务站 第3部分：管理规范	2021/5/10	2021/6/7
53	丽水市金融学会	T/LSFS 1.2—2021	乡村振兴金融服务站 第2部分：服务规范	2021/5/10	2021/6/7
54	丽水市金融学会	T/LSFS 1.1—2021	乡村振兴金融服务站 第1部分：建设规范	2021/5/10	2021/6/7
55	北京金融科技产业联盟	T/BFIA 005—2021	区块链技术金融应用 技术参考架构	2021/4/12	2021/5/8
56	北京金融科技产业联盟	T/BFIA 004—2021	分布式数据库技术金融应用 评估规范	2021/4/12	2021/5/8
57	中关村金融科技产业发展联盟	T/ZFIDA 0004—2020	联邦学习金融行业应用指南	2021/2/24	2021/3/15
58	新疆维吾尔自治区金融学会	T/XJJRXH 01—2021	银行营业网点新冠肺炎疫情防控技术指南	2021/2/1	2021/2/2

附录D ISO/TC68及ISO/TC222已发布标准一览表

截至2021年12月31日，ISO/TC68现行有效标准67项，具体如下：

序号	ISO 编号	所属分委会	标准名称
1	ISO/TR 14742：2010	TC68/SC2	金融服务　密码算法及其使用建议
2	ISO 16609：2012	TC68/SC2	金融服务　采用对称加密技术进行报文鉴别的要求
3	ISO/TR 19038：2005	TC68/SC2	银行业务和相关金融服务　TDEA运算模式实施指南
4	ISO 11568-1：2005	TC68/SC2	银行业务　密钥管理（零售）第1部分：原则
5	ISO 11568-2：2012	TC68/SC2	金融服务　密钥管理（零售）第2部分：对称密码及其密钥管理和生命周期
6	ISO 11568-4：2007	TC68/SC2	银行业务　密钥管理（零售）第4部分：非对称密码系统及其密钥管理和生命周期
7	ISO 19092：2008	TC68/SC2	金融服务　生物特征识别安全框架
8	ISO 21188：2018	TC68/SC2	用于金融服务的公钥基础设施实施和策略框架
9	ISO 9564-1：2017	TC68/SC2	金融服务　个人识别码的管理与安全　第1部分：卡基系统中联机PIN处理的基本原则和要求
10	ISO 20038：2017	TC68/SC2	银行及相关金融服务　密钥包
11	ISO 9564-2：2014	TC68/SC2	金融服务　个人识别码的管理与安全　第2部分：核准的PIN加密算法
12	ISO 9564-4：2016	TC68/SC2	金融服务　个人识别码的管理与安全　第4部分：电子商务支付业务中的PIN处理指南
13	ISO 13492：2019	TC68/SC2	金融服务　密钥管理相关数据元　用于加密的ISO 8583-1数据元的应用和使用
14	ISO 13491-1：2016	TC68/SC2	金融服务　安全加密设备（零售）第1部分：概念、要求和评价（估）方法
15	ISO 13491-2：2017	TC68/SC2	金融服务　安全加密设备（零售）第2部分：金融交易中设备安全符合性检测清单
16	ISO/TR 21941：2017	TC68/SC2	金融服务　第三方支付服务供应商

续表

序号	ISO 编号	所属分委会	标准名称
17	ISO 23195：2021	TC68/SC2	第三方支付服务信息系统的安全目的
18	ISO 4217：2015	TC68/SC8	表示货币的代码
19	ISO 6166：2021	TC68/SC8	证券及相关金融工具　国际证券识别编码体系（ISIN）
20	ISO 9019：1995	TC68/SC8	证券证书号码
21	ISO 9362：2014	TC68/SC8	银行业务　银行电讯报文　业务标识代码（BIC）
22	ISO 10383：2012	TC68/SC8	证券和相关金融工具　交易所和市场识别码（MIC）
23	ISO 10962：2021	TC68/SC8	证券和相关金融工具　金融工具分类（CFI 码）
24	ISO 13616-1：2020	TC68/SC8	金融服务国际银行账号（IBAN）第 1 部分：IBAN 的结构
25	ISO 13616-2：2020	TC68/SC8	金融服务国际银行账号（IBAN）第 2 部分：注册机构的角色和职责
26	ISO 17442-1：2020	TC68/SC8	金融服务　全球法人识别编码（LEI）　第 1 部分：分配
27	ISO 17442-2：2020	TC68/SC8	金融服务　全球法人识别编码（LEI）　第 2 部分：在数字证书的应用
28	ISO 18774：2015	TC68/SC8	证券和相关金融工具　金融工具短名（FISN）
29	ISO 20275：2017	TC68/SC8	金融服务　全球机构法律形式（ELF）
30	ISO 21586：2020	TC68/SC8	金融服务参考数据　银行产品服务描述规范
31	ISO/TR 21797：2019	TC68/SC8	金融服务参考数据　金融工具识别概况
32	ISO 23897：2020	TC68/SC8	金融服务　唯一交易识别码（UTI）
33	ISO 4914：2021	TC68/SC8	金融服务　唯一产品识别码（UPI）
34	ISO 24366：2021	TC68/SC8	金融服务　自然人识别码（NPI）
35	ISO 24165-1：2021	TC68/SC8	数字令牌标识符（DTI）注册、分配和结构　第一部分：注册和分配方法
36	ISO 24165-2：2021	TC68/SC8	数字令牌标识符（DTI）注册、分配和结构　第二部分：用于注册的数据要素
37	ISO 1004-1：2013	TC68/SC9	信息处理磁墨字符识别　第 1 部分：E13B 的印制规范
38	ISO 1004-2：2013	TC68/SC9	信息处理磁墨字符识别　第 2 部分：CMC7 的印制规范
39	ISO 8532：1995	TC68/SC9	证券证书号码传输格式

续表

序号	ISO 编号	所属分委会	标准名称
40	ISO 8583-1：2003	TC68/SC9	产生报文的金融交易卡交换报文规范　第 1 部分：报文、数据元素和代码值
41	ISO 8583-2：1998	TC68/SC9	产生报文的金融交易卡交换报文规范　第 2 部分：机构标识代码（IIC）的申请及注册规程
42	ISO 8583-3：2003	TC68/SC9	产生报文的金融交易卡交换报文规范　第 3 部分：报文、数据元和代码值的维护规程
43	ISO 9144：1991	TC68/SC9	证券光字符识别线位置和结构
44	ISO 11649：2009	TC68/SC9	金融服务　银行核心业务　汇款信息中收款方参考号
45	ISO 12812-1：2017	TC68/SC9	移动金融服务　第 1 部分：基本框架
46	ISO/TS 12812-2：2017	TC68/SC9	移动金融服务　第 2 部分：移动金融服务的安全和数据保护
47	ISO/TS 12812-3：2017	TC68/SC9	移动金融服务　第 3 部分：金融应用生命周期管理
48	ISO/TS 12812-4：2017	TC68/SC9	移动金融服务　第 4 部分：移动的个人对个人支付
49	ISO/TS 12812-5：2017	TC68/SC9	移动金融服务　第 5 部分：移动的个人对企业支付
50	ISO 15022-1：1999	TC68/SC9	证券报文方案（数据域字典）　第 1 部分：数据域和报文设计规则指南
51	ISO 15022-1：1999/COR1：1999	TC68/SC9	证券报文方案（数据域字典）　第 1 部分：数据域和报文设计规则指南（技术勘误表）
52	ISO 15022-2：1999	TC68/SC9	证券报文方案（数据域字典）　第 2 部分：数据域字典和报文目录的维护
53	ISO 15022-2：1999/COR1：1999	TC68/SC9	证券报文方案（数据域字典）　第 2 部分：数据域字典和报文目录的维护（技术勘误表）
54	ISO 18245：2003	TC68/SC9	金融零售业务商户类别代码
55	ISO 20022-1：2013	TC68/SC9	金融服务　金融业通用报文方案　第 1 部分：元模型
56	ISO 20022-2：2013	TC68/SC9	金融服务　金融业通用报文方案　第 2 部分：UML 概况
57	ISO 20022-3：2013	TC68/SC9	金融服务　金融业通用报文方案　第 3 部分：建模
58	ISO 20022-4：2013	TC68/SC9	金融服务　金融业通用报文方案　第 4 部分：XML Schema 生成
59	ISO 20022-5：2013	TC68/SC9	金融服务　金融业通用报文方案　第 5 部分：反向工程

续表

序号	ISO 编号	所属分委会	标准名称
60	ISO 20022-6：2013	TC68/SC9	金融服务　金融业通用报文方案　第 6 部分：报文传输特性
61	ISO 20022-7：2013	TC68/SC9	金融服务　金融业通用报文方案　第 7 部分：注册
62	ISO 20022-8：2013	TC68/SC9	金融服务　金融业通用报文方案　第 8 部分：ASN. 1 生成
63	ISO 22307：2008	TC68/SC9	金融服务　隐私影响评估
64	ISO/TS 23029：2020	TC68/SC9	金融服务中基于网络服务的应用程序接口（WAPI）
65	ISO 5116-1：2021	TC68/SC9	提高财务和业务报告的透明度—协调主题—第 1 部分：欧洲用于监督报告的数据点方法
66	ISO 5116-2：2021	TC68/SC9	提高财务和业务报告的透明度—协调主题—第 2 部分：数据点建模准则
67	ISO 5116-3：2021	TC68/SC9	提高财务和业务报告的透明度—协调主题—第 3 部分：DPM 和 MDM 之间的映射

截至 2021 年 12 月 31 日，ISO/TC 222 现行有效标准 1 项，具体如下：

序号	ISO 编号	所属分委会	标准名称
1	ISO 22222：2005	TC 222	个人理财　理财规划师的要求